JEAN MORÉAS & PAUL ADAM

LES DEMOISELLES

GOUBERT

MŒURS DE PARIS

PARIS

TRESSE & STOCK, ÉDITEURS

8, 9, 10, 11, Galerie du Théâtre-Français

1886

LES

DEMOISELLES GOUBERT

OUVRAGES DES MÊMES AUTEURS :

LE THÉ CHEZ MIRANDA.

En Préparation :

LA PARAPHRASE DES SAINTS ÉVANGILES.

OUVRAGES DE JEAN MORÉAS :

LES SYRTES.
LES CANTILÈNES.

OUVRAGES DE PAUL ADAM :

CHAIR MOLLE.
SOI.

DIJON, IMPRIMERIE DARANTIERE, RUE CHABOT-CHARNY, 65

JEAN MORÉAS & PAUL ADAM

LES DEMOISELLES
GOUBERT

MŒURS DE PARIS

PARIS
TRESSE & STOCK, ÉDITEURS

8, 9, 10, 11, Galerie du Théâtre-Français

1886

Tous droits réservés

I

Dans le lit de palissandre à cintres, sous les rideaux cramoisis retroussés, M. Goubert agonise, tout violâtre des spasmes d'apoplexie.

Continûment la jambe se meut, et les orteils balancés ondulent le drap. Un râle monte, un râle gras qui grouille dans la gorge étrécie.

La lumière cuivrée de la lampe s'éplore vers la tapisserie et ses fleurages d'or, le glacé des étoffes chères, les cadres étincelants des miroirs. Sur le désordre des choses, un silencieux effroi, un recueillement d'attente. Alors le docteur se

retourne et, marchant à M. Freysse qui demeure
en un coin de la chambre, il l'entraîne vers la
bibliothèque :

— Il faut s'attendre à tout.

— C'est épouvantable. Et ses filles !

Le docteur étend les bras par un geste vague.
Puis la figure angoissée de M. Freysse l'atten-
tionne. Ce monsieur grisonnant, très correct
avec sa jaquette anglaise et son col droit, paraît
soumis à un intime chagrin rare chez les simples
amis des mourants. Les rides fines frissonnent dans
le cadre de son poil gris ramené sur les tempes,
aiguisé en barbiche pointue :

— Et ses filles ?

⁓⁓⁓⁓

L'une près l'autre, assises. L'aînée fort pâle
fixant de ses yeux froids les rosaces du tapis. La
cadette pleure à rondes larmes ; et les larmes
emperlent ses cheveux blonds volutant sur sa
face mièvre.

— Ruinées. Leur père était ruiné. C'est cela qui le tue aujourd'hui.

M. Freysse conte le krach. Il dit comment toute la fortune de son ami Goubert se perdit. Infatigable, il parle avec des énumérations de chiffres. Et tout cela s'égrène vite hors ses lèvres tremblées. Du geste il s'anime, offrant à plat des mains blanches ornées, aux petits doigts, de larges cercles en or.

Comme les jeunes filles se refusent absolument à sortir, on les fait asseoir au bout de la pièce. Une terreur les repousse du lit, une terreur de la maladie, une appréhension de revoir la face violâtre et d'en avoir peur. Anxieuse, Marceline, l'aînée, vise les mouvements du médecin, espérant toujours que ce jeune homme à la douce figure la rassurera d'un signe. Elle prévoit comme un chaos de calamités. Depuis la mort de sa mère, elle s'occupait entièrement de l'ordre domestique : la première, elle sut l'irrémédiable perte de la fortune. Que devenir seule ? Sa sœur, une enfant.

Et Mme Freysse arrive : petite femme maigrette, laide, très sautillante dans le bouffant de sa robe noire. Ayant embrassé les deux jeunes filles, elle parle au docteur. Marceline la voit hausser les épaules et secouer la tête.

— Il faut que vous veniez toutes les deux avec moi dans votre chambre. Vous ne pouvez pas rester ici plus longtemps.

Les traits anguleux de Mme Freysse se pincent sévèrement. La petite Henriette s'obstine, pleurant toujours.

— On va le saigner. Il ne faut pas qu'il soit distrait par vous durant l'opération. D'abord, vous avez bien confiance en M. Freysse et en moi, n'est-ce pas, mes petites chéries ?

Toute câline, Mme Freysse les pousse vers la porte. Perçus, la face boursouflée de l'apoplectique qui hoquète, et ses yeux effroyablement ternes, exorbités.

A sept heures du matin, M. Goubert mourut.

Aussitôt Mme Freysse recouvre la table de serviettes damassées. Elle y érige un crucifix et des candélabres; dans une conque marine où se lit: *Souvenir d'Arcachon*, elle verse de l'eau bénite et plonge un rameau de buis. Aidée par la femme de chambre, elle coud un large volant de dentelle à un drap chiffré. Les bibelots disparaissent dans les armoires; on revêt de housses les chaises Henri III; la pièce prend un air de deuil liturgique avec ses prie-dieu installés tout contre le lit mortuaire, tout contre les linges qui gardent en leurs ombres les reflets cramoisis des tentures. Et la tête très blafarde du cadavre semble dormir sereine sous la dansante illumination des bougies.

Au jour. On entr'ouvre la fenêtre; et la bise décembrale lèche les flammes qui parfois se dardent horizontalement. Les doigts gris du mort, et ses ongles luisants joints, retiennent une croix d'ivoire, et du buis. Les tableaux voilés de crêpe, grandes taches noires sur les murs dorés. Une toute jeune religieuse, toute mignonne dans un fauteuil, murmure des pate-

nôtres. Et souvent elle glisse dans ses larges
manches de bure ses mains qui se glacent.

Maintenant des souvenirs assiègent Marceline :
le rappel des constantes prévenances et des
cadeaux, des appellations plaisantes dont le père
taquinait. Et se greffe de surcroît, en son esprit,
l'épouvante de la ruine : robes laides, travail,
patron.

La religieuse vient lui causer : une voix susur-
rée et qui l'exhorte au courage.

Par les chambres encombrées : des intimes,
des personnes à peine vues autrefois entre deux
quadrilles. Des domestiques demandent à Marceline des ordres qu'elle ne sait plus donner.
Et toute embrassade, toute marque de pitoyante
sympathie lui rappelle l'imminente pauvreté.
En sanglots elle éclate.

— Comme vous avez du chagrin, ma pauvre
enfant.

Déplorer ses biens perdus autant que la mort
du père; elle se réprouve. Et ce lui suscite une

crispante rage de ne pouvoir vaincre cette ob-
session vile.

~~~~~~~

Marceline choisit un modèle de croix en fleurs.
Mme Freysse s'interpose et prie le fleuriste de
revenir une heure plus tard :

— Elle était bien chère, mon enfant, cette
couronne.

— Non, cent francs.

— Cent francs ; c'est cher. Il faut apprendre
à calculer. Votre position de fortune n'est plus
la même.

— Je sais. Vous avez raison.

Tout ce qu'on lui voulait apprendre, elle le
détaille. Mme Freysse s'attendrit, constamment
répète :

— Est-elle raisonnable, la pauvre petite, est-
elle raisonnable.

— Elle calcule comme un homme, dit le
mari.

— Papa m'y avait habituée.

— Alors nous allons pouvoir causer.

A l'air de M. Freysse, Marceline espère. Elle ne peut chercher recours hors lui. Les parents de son père, petits rentiers provençaux, elle les sait incapables de lui prêter aide. Ils ne viendront même pas à l'enterrement, vu la cherté du voyage. La famille de la mère se trouve éteinte.

D'un chiffre le négociant établit la situation. Que Marceline accepte ou refuse l'héritage, la faillite de l'Union absorbera tout. Pour s'éviter des tracas, il serait sage de signer un renoncement.

— Maintenant, il faut que vous viviez, votre sœur et vous. Voici ce que je propose. Je vais vous prendre dans mon magasin toutes deux. Vous serez ma caissière à deux cents francs par mois. Henriette procédera aux livraisons des marchandises et surveillera les brodeuses. Elle aura cent francs. Avec trois cents francs vous pouvez vivre. Et, bien entendu, chez nous, c'est chez vous, vous savez.

— Oh! ma chérie, tu sais combien je t'aime.

La dame se jette au cou de la jeune fille. M. Freysse lui serre la main à l'anglaise. Marceline s'abandonne à leurs caresses et pleure. Elle pleure le passé, son père, ses domestiques, son landau loutre. Dans la boutique de l'avenue de l'Opéra elle s'imagine rendant la monnaie sur le comptoir peluche verte et ébène.

Eux, prédisent un avenir rose : une association, quand les petites Freysse seront mariées, dans dix ans. Ou bien il se trouvera des braves garçons, un voyageur, un caissier, un premier du Louvre, bien contents d'épouser des femmes comme elles. D'ailleurs les affaires marchent. On les augmentera, sans doute. Et Mᵐᵉ Freysse revient toujours à son idée de mariages probables, répétant : « un voyageur, un caissier... »

La religieuse entre. Elle se déclare transie, et approche du feu ses mains couleur de cire. Déjà, malgré la froidure, le mort se décompose. à ce qu'elle dit. M. Freysse va voir.

Les femmes montent auprès d'Henriette. Marceline veut son avis sur la proposition des Freysse.

La petite, éveillée dans son lit de mousseline blanche à faveurs de satin bleu, garde de grosses larmes aux cils. Sa main gracile saillit de la chemise large en fine baptiste brodée. Laiteuse la chambre sous la réfraction de la neige qui, depuis le matin, tombe. L'annonce de la ruine ne la bouleverse pas outre mesure. Son père mort, il lui paraît naturel que tout soit changé. Mme Freysse s'explique longuement, Henriette remercie très contente. Une joie de ses quinze ans avec un peu l'espoir de jouer à la marchande. Et puis la liberté de ces petites ouvrières, si rieuses par les rues, la tente. De plus elle gagnerait de l'argent. Un soudain respect d'elle-même pour cela.

Le défilé des personnes ne cesse pas. Des amis de M. Goubert nantis de mines sinistres et compatissantes, de redingotes neuves. Ils pénètrent sur la pointe du pied. Ils serrent la main de Marceline avec une profonde inclinaison ; puis, un moment, les mains liées aux bords de leurs chapeaux, ils contemplent la figure bouffie du mort. Discrètement ils s'informent de l'heure précise du décès. Quand ils ont jugé suffisante la longueur de la visite, ils saluent et sortent, muettement.

Bientôt ce devient une foule, vers cinq heures, après la Bourse. Tous passent devant Marceline prostrée en sa douleur regrettante. Tous, aux flammes jaunâtres de la chapelle ardente, autour du voile de la religieuse, un instant, s'illuminent. Un flot s'écoule. D'autres, introduits par le domestique en habit noir et ganté de blanc.

Engaînée de deuil à large ruban de taille, ses grands yeux bleus rouges un peu, et sa bouche pâle frémissante de pleurs, Henriette paraît. Des gens l'envisagent et se parlent.

L'air vif du dehors cingle par lames.

Marceline contemple la parure du boudoir où elle se retira. Surtout, en un angle : le chapeau de feutre blanc et son chevalet d'or, et des soies : une merveille du confiseur. De fallaces fleurs emplissent la coiffe de satin rose ; et soupçonnées, au fond, des dragées. — Plus jamais de semblables cadeaux. Des étrennes utiles lui seront servies, maintenant.

Le lithographe apporte les lettres de faire-part. On s'installe devant un guéridon. M⁰ᵉ Freysse appellera les noms sur le registre aux adresses ; son mari écrira les suscriptions, selon l'avis de Marceline.

M⁰ᵉ Freysse, de sa voix bonne appelle :

— Monsieur et Madame Rondel, 3), rue du Sentier.

— Oui, soupire la jeune fille.

— Ça y est, fait M. Freysse.

— M. et Mᵐᵉ Bressan, rue des Herbes, n° 3, à Limoges. M. et Mᵐᵉ Laverrière, 44, boulevard Sébastopol. M. Gyval, lieutenant au 7ᵉ zouaves, à Mostaganem, Algérie.

II

ÉJA Marceline appose la cravate, un petit plastron blanc, sous l'échancrure du corsage noir à haut collet de clergyman.

Dans la pièce vêtue de tapisserie pas chère, bleue et verte, la somptuosité des meubles contraste, notée par le chapeau de feutre blanc, merveille du confiseur, et son chevalet d'or, et ses soies, et ses fleurs peintes. Longue la toilette de marbre blanc où s'asseyent, parmi les pots et les flacons, les cuvettes évasées. Tombant de la glace une mousseline l'enserre de ses blancheurs. Blanches aussi les couchettes.

— Bon, voilà que je ne trouve plus mon dé-
mêloir. Où l'as-tu posé, dis un peu, clame Henriette.

— Mais non, voyons, je ne me sers pas de
tes affaires. Tiens le voilà, petite sotte.

— Ah que je suis bête.

Marceline hausse les épaules. Bien qu'elle les
sache sans méchanceté, ces tracasseries la peinent. Et, comme elle vit dans le regret du passé
meilleur, le moindre ennui, une étourderie de
sa sœur, charge sa mélancolie.

Vite elle a dilecté cette stagnance de son
âme morose ; un calme où elle évoque des joies
anciennes et savoure l'amertume de n'en plus
pouvoir espérer. Mais le supplice de s'astreindre
au ménage et à ses misérables détails l'en vient
distraire péniblement.

Sur la table, achetée d'occasion avec les six
chaises en faux vieux chêne, elle étale la nappe
maculée.

Par la fenêtre : la rue de Sèvres et ses murs
jaunes de couvent, des parapluies dans l'averse

grise. D'une manière de sympathie le morne paysage pénètre Marceline.

La collation finie, les deux sœurs endossent leurs manteaux, se retroussent la jupe pour le départ. Faute d'autre communication entre la chambre et la cuisine, la grosse servante passe, riant de son air protecteur, un balai, un plumeau dans les mains. Henriette s'en égaie.

⁓⁓⁓

La pluie cesse. Les trottoirs brunis mirent. Elles vont dans la rue du Bac. Henriette ne lit pas dans le mutisme de sa sœur la tristesse. Elle suppose que toutes les personnes moins jeunes qu'elle sont naturellement grondeuses et graves, par morgue.

Parmi la cohue des employés, il plane un babillage de foule. Des messieurs parcourent leur journal en marchant ; et quelquefois ils s'arrêtent au bord du trottoir pour approfondir des passages. Des pantalons larges piqués de boue. Des faces bleuies par le rasoir. Des mains rouges saillissant pour des explications. L'outrance de la dernière mode jure aux échines des grandes filles plates. De leurs croupes dansent les coussins des tournures.

Marceline souffre d'être l'égale de ce monde qui cause en lâchant des gestes de plèbe. Avec des esclaffements discrets de petite fille bien élevée, Henriette se moque. On les dévisage toutes deux en marquant une vénération hiérarchique pour leurs allures de demoiselles premières, au moins.

Passé la rue du Bac, la voie très large bée par les ponts. Les criardes causeries s'atténuent subitement égarées dans le vide. Entre les quais jaunes la Seine incurve houle contre les bateaux à persiennes des lavoirs ; de sa peau verte palpitante et semée d'argentures éparses, les brumes grises, grises et bleuâtres s'épanouissent vers la ville, emboivent les massives tours de Notre-Dame et du Palais, le pinacle dentelé de la tour Saint-Jacques.

Au loin, la couronne de l'Opéra : quelques dorures parmi la masse violâtre. Dans les boutiques les commis drapent.

Marceline et Henriette s'arrêtent au magasin. Peinte de laque noire la devanture. A la corniche, le nom de Freysse se couche en majuscules anglaises ; des pleins et des déliés d'or mat, simplement. Encore baissés, derrière la vitrine, les stores de soie écrue signés du nom en rouge.

Elles entrent. M. Freysse, très habillé déjà, se lève pour les recevoir.

A Marceline installée il enseigne. Il parle en articulant avec soin chaque syllabe. Parfois, de sa jaquette, de sa poche fendue sur le cœur, il tire un mouchoir fin et se mouche doucement, puis, devant ses yeux un peu fatigués il replace son binocle sans monture. Lui-même se baisse pour prendre le lourd grand-livre relié de peau verte et orné de nickelures aux coins, au dos. Elle se met à écrire de sa calligraphie ténue, semblable à une broderie sur le vélin.

Dans l'atelier. Henriette choisit parmi des

écheveaux la nuance de gueules pour une passe-
menterie armoriale. Les quatre brodeuses tra-
vaillent une pièce de velours : l'étoffe, roulée
par deux bouts sur les montants d'un cadre,
laisse tendue une bande médiane où elles poin-
tent quatre oiseaux de paradis.

Aux racontars drôles d'une rousse dont le geste
arrondi se dispense, les brodeuses rient.

— Gare au patron, insinue Marguerite enfi-
lant son aiguille.

— Il n'y a pas de danger qu'il bouge, renseigna Henriette : il établit la balance avec ma
sœur.

— Ho, ho : il établit la balance avec sa
sœur..., s'écria Léontine, une brune tassée.

Et des esclaffements.

— Vous êtes joliment bêtes, vous, d'abord,
interrompit Henriette. Vous ne comprenez rien
aux choses de la caisse ; alors vous riez comme
des carpes.

Afin qu'on lui pardonnât d'inévitables vexations dont, néanmoins, son autorité de surveillante jouissait, Henriette toléra la liberté des propos; elle-même s'en amusait, feignant la compréhension des mystères scellés à son ingénuité; crainte de paraître inférieure en quelque point.

La jeune fille s'estimait fière de commander à des dames si bien mises, vêtues au dernier goût. En noir ou en brun, le cou haut maintenu dans des cols raides d'empois, elles travaillaient du bout des doigts, par petits gestes élégants et des mines sucrées, à l'ombre de leurs frisures régulières.

L'intimité venue par les confidences, on révéla des parties fines et des jeunes messieurs donateurs. Ainsi l'amour fut connu d'Henriette par ses agréments extérieurs : un luxe d'amusettes et de fêtes, des caresses familiales, des promenades en voiture, des repas au restaurant, des places de théâtre.

D'interroger sur certaines locutions, elle s'abs-

tint. On se moquerait. Mais des mots lui demeuraient en l'esprit, avec un espoir d'en acquérir le sens.

M. Freysse entra. Aimablement il alla de l'une
à l'autre. La grosse Léontine le retint, demanda
son avis. Elle s'efforçait à des minauderies ; et
lui de sourire.

— Henriette, pria-t-il, voulez-vous venir faire
l'étalage ?

— Oui, monsieur.

~~~~~~~

Le garçon à livrée olive amoncela des étoffes
sur le divan. Toute une joaillerie fondue dans
les velours, et dans les peluches et dans les soies ;
et des ruisselures coulées dans la profondeur
des fronces. Des gris semblables à du plomb
terne, des grenats crouteux ainsi que du sang
caillé.

Crêtes de lumière sous le pouce prompt de
M. Freysse. Du bout de ses bottines pointues
il va, vient. Il rectifie.

Pour Henriette, des saveurs teintées ces étoffes; comme de velouteuses confiseries.

———

— N'est-ce pas, Madame Henriette, que vous restez sage, demanda Marguerite ?

— Comment ? Sage ?

— Oui ! vous n'avez jamais eu d'amoureux ?

— Ah, laissez-moi tranquille : c'est bon pour vous, ces histoires-là.

— Ben vrai, comme vous êtes fière.

Clémence rit. Les deux autres, qui tranquillement causaient, relevèrent la tête.

— Qu'est-ce qu'elle a encore à rire ?

— Rien. Taisez-vous d'abord, commanda Henriette. Vous savez qu'il faut finir avant le déjeuner ; et il est moins le quart. Après ça, le patron m'attrapera si vous n'avez pas fini. Quant à vous, Marguerite, vous verrez.

Et elle lui montra le doigt en menaçant ; puis soudain éclata de rire à la réminiscence de la question sotte. Elle aurait un amoureux certai-

nement, un jour ; mais pour le mariage, comme
Mme Freysse. Et alors elle possédera une maison de campagne, à Asnières ; et son mari sera
l'associé de M. Freysse, du mari de Marceline.

Jusqu'à midi elle médita cet avenir calme.
Elle s'y voyait avec une ombrelle sur le perron
de sa villa et en toilette blanche d'été. Elle serait riche. On donnerait des bals... dans les lu-
mières.

L'après-midi, M. Freysse sorti, Marceline
gardait seule le magasin. Dehors, l'avenue bleuâ-
tre et les équipages bleus. Des gens bien vêtus
circulent, s'arrêtent un instant près l'étalage.
De dans, la bleue réfraction des hautes vitres
grisaille les vibrances des nuances. Une paix
torpide, où sombre le regret de son passé, envahit Marceline.

Entre trois et cinq, d'aucuns acheteurs arrivaient. Henriette étalait la marchandise sans
la vanter, mais en suggérant des idées d'orne-

mentation. Des grosses dames, les oreilles diamantées, des messieurs d'âge, très difficiles et
acariâtres, retournaient chaque pièce et vou-
laient assortir avec des brins d'étoffes de couleur indiscernable.

A six heures on allumait le gaz. Souvent un
gros garçon blond, le portefeuille maintenu contre son court paletot mastic, les mollets cre-
vant presque un pantalon à carreaux clairs,
montrait à la vitre sa face rose, affilée d'une
barbe en pointe. Il ne pouvait voir la caisse
ni Marceline qui s'égayait de ses gros yeux, de
son profil de cocher. Rouges ses gants neufs,
et le fer à cheval historiant son journal de sport.
Un bambou énorme.

Sans doute le spectacle des tentures ne lui
suffisait pas, car bientôt il se retirait, haussant
les épaules jusque les gigantesques et dures formes de son chapeau. Tombait de l'œil le monocle pendillant à un fil.

Et Marceline percevait ce torse épais, un instant, parmi les lanternes auriflues des voitures.

III

CHARLES !

Le garçon — gros, brun, les sourcils hérissés sur une face glabre de, capelan — accourut.

— Mazagran ? Môssieu Genès.

Acquiescement. Le garçon s'éloigne, mais il est aussitôt rappelé par un formidable

— Charles !

— Môssieur ?

— De quoi écrire.

— Et les journaux du soir, n'est-ce pas, Môssieur Genès ?

— Oui.

— Je savais. C'est aujourd'hui le jour du courrier de Môssieur. J'ai lu votre dernier article dans le *Radical de l'Hérault*. Oh, oh : c'est le gouvernement qui ne va pas être content.

Genès sourit avec fatuité.

Au bout de quelques minutes le garçon revint chargé du plateau, de quatre journaux et d'un buvard. Il rangea le tout sur la table.

Derrière lui, le verseur, dadais au geste malaisé, surgit et miaula :

— Crême ?

— Vous savez bien que je n'en prends jamais, hurla Genès.

Charles intervint :

— Il faut l'excuser, Môssieur Genès : c'est un nouveau.

— Ah ! — Ces messieurs sont-ils venus dans l'après-midi.

— Môssieur Albarel est venu avec Môssieur Sicard vers une heure.

— Sont-ils restés longtemps ?

— Jusqu'à deux heures et demie. Ils ont joué au billard.

Genès consulte sa montre.

— Oh, ils ne vont pas tarder. d'arriver. Monsieur Sicard a rendez-vous ici avec sa... dame, fit le garçon en clignant de l'œil.

Calvite, bigle, camard, puissant du ventre, une malebosse au front, Nicolas Genès. Méthodiquement, avec des arabesques calligraphiques, il écrit : « *Jules Ferry, le Tonkinois...* »

Blanc et or, sous le gaz, le café. Sur des gens, la lourde porte s'ouvre, s'ouvre et se referme. Au comptoir, parmi les carafons de cognac, les soucoupes, les fioles pansues, les hautes bouteilles, rouges, jaunes, vertes, la caissière trône dans la majesté de ses seins. Hâtifs, les garçons se croisent, élevant des plateaux où les bocks moutonnent. Là-bas le patron breloqué de chrysocales s'empresse auprès de trois exotiques gantés comme des cochers anglais et flanqués de donzelles ventripotentes.

Des tentures de moire claire, à petites ondes, prêtent à la salle un air intime de mauvais lieu. Des hallebardes, des pertuisanes, des lances dressées en faisceaux supportent les pardessus et les chapeaux des consommateurs. Des carquois en fils de métal tressés et peinturlurés reçoivent les parapluies et les cannes. Des heaumes de chevaliers en fer-blanc crachent de leurs visières levées des torchons pour la propreté des tables. Au fond, une grotte féerique, que des lampes à abat-jour de couleur illuminent, bée de sa gueule de carton-pierre ; un mince jet d'eau y clapote, et des mouettes empaillées rêvassent, suspendues au plafond les ailes écloses, au bruit monotone des carambolages.

Vigilant, le garçon annonce :

— Ces Messieurs.

— Bonsoir, Genès. Bonsoir, Albarel. Bonsoir, Sicard. Bonsoir, Castelan. Bonsoir, Ravasse.

Maurice Albarel. Au petit peigne, jusque les sourcils, des cheveux noirs et lisses. De ras favoris en la matité des joues. Des élégances équivoques de brelandier.

Francis Sicard. Deuxième clerc chez Mᵉ Susse, notaire, rue de la Paix. Des trottins cristallisent à sa seule vue.

Castelan. Profil de ghetto. Fait du journanalisme. Au Madrid, plus d'un le salue et il en est fier.

Ravasse. Carabin réfractaire. La lecture des journaux, son unique labeur.

— Hé, scélérat, dit Genès à Sicard en lui tapant amicalement dans le dos, il paraît que nous attendons ce soir la belle Clémence.

Avec un geste de dédain, le clerc :

— Pf ! Elle devient bien crampon.

— Plains-toi ; je m'accommoderais volontiers d'un crampon comme ça, interrompit Albarel.

— Prends-la, mon cher, je te la cède avec enthousiasme.

— D'abord il faut lui demander son avis. Et

puis j'ai pour principe de ne jamais prendre la *suite* de mes amis.

— J'ai vu l'autre jour avec Clémence une petite blonde chiffonnée, très chouette : tu pourrais lui faire la cour. Elle travaille dans le même magasin.

— C'est une idée ça, je demanderai des renseignements à Clémence. Dis donc, Genès, si nous trouvions tous des maîtresses dans le même magasin ? Ça serait drôle !

— Oh ! moi, je préfère le bordel.

— Chiiic !!

C'était Ravasse qui lançait son cri favori tout en feuilletant des journaux illustrés.

Genès alla s'asseoir à côté de Castelan.

— Je veux vous faire lire ma correspondance. Je crois que ça y est : vous allez voir.

Le journaliste prit le manuscrit et le parcourut négligemment. Des sourires approbatifs et des moues sévères alternent sur sa figure pendant qu'il lit.

— Pas mal, mon cher, pas mal : vous faites des

progrès. Mais il vous faut travailler encore, travailler beaucoup. Les incidentes s'embrouillent parfois. L'adjectif est banal souvent. Cherchez l'adjectif, l'adjectif qui porte. Tout est là. Croyez ma vieille expérience.

Genès remit le papier dans sa poche, un peu froissé de ces critiques.

— Quel cheval joues-tu demain, Albarel ?

— Tabarin.

— Oh ! non, il faut jouer Zuzutte.

— Zuzutte ? Jamais de la vie.

— Crois-moi : j'ai des renseignements sûrs.

— Est-il étonnant avec ses tuyaux, ce Sicard !

— Pourquoi ?

— Parce que tu me fais toujours perdre.

— Je t'ai fait perdre, moi ? quand ça ?

— Mais dimanche dernier, encore, avec Grincheux.

— Mon cher, c'est la faute du jockey : tout le monde l'a dit.

— Je la connais cette blague.

— Alors tu vas jouer Tabarin ?

— Parfaitement.

— Tant pis pour toi.

— Nous verrons.

— Chiiic, hurla l'incorrigible Ravasse.

— Et notre partie de piquet ? interrompit Genès. Combien sommes-nous ? Ravasse, lui, il n'y a pas moyen de le faire sortir de ses journaux. Monsieur Castelan, jouez-vous ?

— Je regrette. Je suis forcé de rentrer. J'ai un article à finir.

— Alors nous jouons à trois ?

Après le départ du journaliste, Genès, très vexé au fond de ses critiques, dit en haussant les épaules :

— Quel poseur ce Castelan : il a toujours des articles à faire et on ne les voit nulle part.

— A-t-il du talent ? demanda Albarel.

— Peuh ! un simple reporter.

— Moi je ne le crois pas fort, dit Sicard. Un jour il a prétendu que Georges Ohnet ne savait pas écrire.

— Quand il aura fait *Le Maître de Forges*.

— Oh ! oui.

— Toujours le nez fourré dans vos sales cartes ! cria inopinément une grosse rousse, la
gorge en surplomb dans un mantelet de velours
grenat.

— Tiens, voilà Clémence.

Clémence s'assit à côté de Sicard qu'elle baisa
sur le bout de sa barbe en lui susurrant :

— Bo'soir chéri.

Le clerc se laissa câliner en homme que cela
embête.

— Quel type ! fit Clémence froissée de cette
réception glaciale. Il est toujours à bouder.

— Venez vous asseoir près de moi, madame
Clémence, j'ai à vous causer, dit Albarel.

— Ah !

— Des renseignements à vous demander.

— Des renseignements ?

— Oui.

— Et sur quoi ?

— Sur une petite blonde chiffonnée qui travaille dans votre magasin.

— Oh, oh : la petite Henriette.

— Elle s'appelle Henriette ?

— Oui. Elle est d'une bonne famille... rui-
née.

Geste d'Albarel.

— C'est vrai, monsieur Albarel, c'est pas des
blagues.

Elle raconta tout ce qu'elle savait sur la famille Goubert.

— Alors elle est sage ?

— Oh! oui. Elle s'embête, la pauvre mignonne, avec sa chipie de sœur, elle s'embête!...
Je l'aime beaucoup, moi, Henriette. Elle est
rigolote et... pas poseuse.

— Et sa sœur ?

— Sa sœur? En voilà une qui fait sa tête, et
des manières. Elle est très bien avec le patron,
par exemple.

— Ah !

— Oh! mais très bien. Ils établissent la balance ensemble, tout le temps.

— La balance ?

— C'est Henriette qui dit ça. Elle est très rigolote, cette petite : je l'aime bien, mais c'est sa sœur qui me rase.

— Et les autres ouvrières, comment sont-elles ?

— Les autres ? Peuh ! couci, couça. Il y a Léontine qui n'est pas mal.

— Léontine...

— Un peu... blette ; mais pas mal tout de même. C'est elle qui voudrait établir la balance avec le patron.

— Ah ! elle voudrait...

— Mais oui ; seulement, le patron ne veut pas.

— Il ne veut pas...

— Il aime mieux établir la balance avec Marceline.

— Marceline ?

— C'est la sœur à Henriette.

— Alors le patron... ha ! ha ! ha !

— Aime beaucoup... hi ! hi ! hi !

— Etablir la balance... ho ! ho ! ho !

— Avec Marceline... hé ! hé ! hé !

— Chiiic, épilogua Ravasse.

Clémence lampa le verre de kümmel qu'on venait de lui servir.

— C'est bon, le kümmel, ça pique. J'aime ça, fit-elle en se caressant complaisamment les seins selon son tic ordinaire.

Puis à Maurice Albarel :

— Alors, comme ça, monsieur Maurice, vous êtes amoureux de la petite Henriette?

— Amoureux? Je ne la connais pas!

— Oh! elle est très chic.

— Voulez-vous vous charger de mes intérêts auprès d'elle?

— Nous verrons : plus tard, nous verrons.

— J'y compte, hé?

— Tiens, voilà mon amoureux platonique, cria, en claquant des mains, Clémence, qui regardait vers la porte du café.

Un grand pantin vêtu de noir, maigre, sa figure bonasse et ovine quoique épouvantablement barbue, surmontée d'un haut-de-forme

minuscule aux reflets de colle forte, s'avançait
vers la table des trois amis, pareil à un vieux
corbeau aux ailes coupées.

— Bonsoir, mon amoureux.

— Bonsoir, Pirette.

— Ce cher Pirette !

— Vive Pirette !

— Chiic !

M. Pirette vivait chichement, mais dignement
des honoraires de sa place de comptable. Timide,
taciturne, rêveur et sentimental, il avait voué
au beau sexe un culte chevaleresque et désin-
téressé.

Clémence se leva, prit une rose à son corsage
et la passa à la boutonnière de Pirette avec des
gestes comiques.

— Hé, hé, monsieur Pirette, je crois que
vous faites la cour à ma femme.

— Quel veinard, ce Pirette !

— Irrésistible, mon cher.

— Chiic, chiic.

— Laissez-les dire, monsieur Pirette : ils sont

jaloux, interrompit Clémence. Mettez-vous en face de moi, là, nous allons faire un petit écarté.

— Volontiers, madame.

— Qu'est-ce que nous jouons ?

— Tout ce que vous voudrez.

— Un kümmel, pas ?

— Parfaitement.

— J'aime beaucoup le kümmel. J'aime tout ce qui pique. Et vous, monsieur Pirette ?

IV

Dans l'église Saint-Sulpice, les fidèles se groupent aux côtés du chœur, sous les piliers de marbre, jusqu'à la table de communion ; et, l'autel d'or s'érige des marches, parmi la candeur de ses nappes. Le prêtre vénérable prostré en prières ; les moires de la chasuble miroitent, et l'agnel d'or, au centre, brodé.

Machinalement, Henriette suit l'office. Une piété vague la tient sérieuse, bien que, depuis deux ans déjà, elle ne pratique plus le sacrement. M. Goubert plaisantait les curés. Elle en profita pour s'affranchir de la confession. Au fond de sa mémoire, se perpétue le soupçon paternel que là n'est qu'espionnage. Comme elle, pense Marceline. Cependant, par mode, elles ne manquent point au service dominical, et aussi par une irraisonnée mais tenace conviction que n'y pas assister serait une grosse faute de bienséance et de morale. Pour elles, un salon l'église, où, à jour fixe, se rencontrent mêmes visages et mêmes toilettes.

Les deux sœurs descendirent du tramway avec une joie de marcher un peu, de sentir du frais dans leurs jupes. Place de l'Etoile, se dénoue le ruban de soulier d'Henriette. Il faut s'arrêter un instant sous la voûte de l'arc afin de rajuster. Cette ridicule besogne, devant tout le monde, exaspère la jeune fille. Des indiscrets la regardent faire. Douloureusement son corset la pince, accroupie. Comme elle se relève, une commotion de son être : sur le haut-relief, l'enfant colosse

saille, et l'épanouissement de sa virilité nue. A
sa honte soudaine de savoir, le mystère sexuel se
révèle. Explicitement, de licencieux propos en-
tendus contraignent sa mémoire.

Dans le tramway de Courbevoie, à côté de
Marceline, une envie de confidences incite tout
d'abord Henriette. Vite elle se ravise, et, taciturne, réfléchit. Une réprobation pour l'acte deviné, un doute même que l'amour sache se
réaliser ainsi. Puis, avec la déroute des scrupules,
un désir anxieux de connaître. Si la pudeur
morigène, l'instinct pollue l'imagination. Du
mâle : des baisers les lèvres, des étreintes les
bras.

~~~~~~

Au bois, par les sentiers. Sous la hâte de ses
émotions neuves, Henriette prodigue à sa sœur
des vocables tendres, susurrés, qui, naturellement, lui viennent ; de lentes caresses et douces.
Peu à peu l'aînée s'en alanguit. Et, délicieusement, ce fut une après-midi dans des fraîcheurs

où les résines sentaient au vol bourdonné des frelons.

En une exquise lassitude la fièvre d'Henriette se calma. Une envie d'être bonne à tous, de s'amollir au repos des divans.

Elles découvrirent une toute petite violette cachée sous les herbes. Elles en eurent une joie. Henriette la vola à sa sœur et l'enfouit dans son corsage entre deux boutons, et plus loin encore, au creux de sa poitrine. Cette fraîcheur sur sa peau lui fut un extrême délice. Mais elles en découvrirent d'autres, violettes, d'autres et d'autres. Elles les mirent à leur bouche ; elles arrachèrent leurs pistils avec les dents et les mangèrent ; elles aspirèrent le suc de leurs tiges dans une impérieuse soif de se froidir les lèvres. Elles riaient pour rien. Marceline ne se lassait point de poursuivre la petite, si gracieuse dans sa course avec ses bas violets dans l'envol des jupons ; et sa taille si mince ceinte de large faille, et son dos plat sur jambes longues.

Chacune fit un gros bouquet où les boutons

d'or éclataient parmi les blancheurs rosées des marguerites et les livrées sombres des violettes.

Enfin tout essoufflées elles se prirent par les bras. Dans une allée solitaire elles s'embrassèrent longuement les joues.

— Quel sale bouquet... On n'en donnerait pas deux sous, crièrent des femmes qui passaient, en désignant leurs fleurs.

Et subitement leur joie à toutes deux tomba. Elles se regardèrent avec une grosse envie de pleurer. La misère impitoyable s'imposait à nouveau, leur misère et leur servilité.

V

ENRIETTE s'alla vêtir. Quand elle fut prête, elle trouva Clémence chargée déjà de l'enveloppe en serge qui contenait les étoffes.

Le patron renseigna :

— Il est trois heures. Cette dame vous tiendra longtemps, sans doute : elle est très méticuleuse. Enfin, tâchez d'être revenues à cinq heures.

— Oui, Monsieur. Au revoir, Monsieur.

— Au revoir.

Il referma la porte et, par la vitre, quelque temps, les examina. Elles marchaient allègres et sveltes dans la blondeur du soleil ; un petit vent leur faisait baisser la nuque, la nuque bien coiffée ; et le petit vent secouait les pans de leurs jaquettes qu'elles ramassaient à la taille, avec obstination, tout en boutonnant leurs gants.

Un temps propre, clair, illuminait l'asphalte gris-bleu et les vitres nettes des lampadaires. Dans les voitures découvertes des dames se prélassaient.

Comme les deux jeunes filles gagnaient le coin de la rue des Pyramides, Sicard les rejoignit. Il salua Henriette d'un grand coup de chapeau et, tout de suite, il tutoya Clémence. Henriette un peu froissée de ces allures familières, elle présente, se recula par une discrétion affectée. Ce monsieur lui paraissait bien insolent. Cependant, à mesure qu'elle observa davantage ses manières, elle remarqua qu'il ne s'exprimait point sans une élégance de termes et de formules flatteuses pour Clémence qui se rengorgeait. La brodeuse aperçut la mine pincée de sa compagne ; elle ne répondit plus que timidement à Sicard et se rapprocha d'Henriette. Bientôt le jeune homme adressa quelques paroles à celle-ci qui jugea très digne de ne lui retourner que de froids mono-syllabes. Elle s'attendait à ce que, d'un moment à l'autre, il les quittât. Et elle visait la statue de Jeanne d'Arc, son oriflamme de bronze découpé dans le ciel, avec la persuasion que là il tournerait la rue de Rivoli tandis qu'elles con-tinueraient tout droit. Il manifesta une telle persistance à ne les point abandonner que Clé-mence crut devoir accomplir les formalités de la présentation.

— Monsieur Sicard, mon ami. Madame Henriette, la première de chez Freysse.

Il resalua, découvrant ses cheveux espacés sur un occiput très blanc.

Il expliqua qu'il était clerc de notaire, rue de la Paix. Il allait reporter une pièce à un client. Il avait là, dans sa serviette, vingt-cinq mille francs de titres au porteur. Si on le volait ! Et il entama une récente histoire d'assassinat.

L'histoire intéressa. Henriette en avait lu le

3.

commencement dans le *Petit Journal*. Il fournit
de nouveaux détails et, à l'appui, il montra le
Figaro du matin. Soudain il fit calembour. Clémence s'esclaffa; Henriette ne put retenir un
sourire. Cependant elle craignait la rencontre
d'une personne connue et grave pendant qu'elle
se trouvait en cette compagnie. Anxieusement,
elle fouillait l'amas des passants qui s'écoulaient
en la double sente des trottoirs, à chaque côté
du pont. La Seine verte avec des grandes nappes d'argent, et un ciel blanc pâle derrière le
Trocadéro coiffé de dorures. Ensuite Sicard
parla de l'Hippodrome, et décrivit les disloqua-
ges extraordinaires d'un clown. Il prenait à témoin de son dire Clémence qui les séparait. Et,
pour se mieux faire comprendre, il penchait la
figure devant la poitrine de son amie, vers
Henriette. A une réponse d'elle, il lui décerna
maint compliment sur son esprit et sa toilette,
sur son goût exquis. Elle en devint confuse,
dans une intime joie. Clémence riait jaune.
Cependant Henriette ne trouvait point suffisam-

ment beau le monsieur. Très bien vêtu d'un pantalon retroussé et d'un court paletot mastic, il était trop gros, un peu chauve. Des allures d'homme âgé.

Ainsi, devisant de bagatelles, on atteignit la maison de la commande. Sicard parla bas à Clémence et s'en fut en saluant.

Alors Henriette eut comme un regret de cette distraction finie, mais aussitôt elle se gourmanda d'un pareil sentiment.

Près d'une demi-heure chez la dame. A la sortie :

— Tiens, voilà votre gros monsieur.

A l'angle du boulevard Saint-Germain, devant la table d'un café, Henriette venait d'apercevoir Sicard. Clémence, bien qu'elle feignît de le remarquer seulement sur cette exclamation, s'attendait certes à le trouver là. Elle simula mal l'étonnement, et Henriette fut prise d'une folle envie de rire. Elle dit :

— Vous me croyez donc bien bête ?

Déjà le jeune homme s'avançait. Il les pria de prendre quelque chose avec lui. Henriette prétexta qu'il était trop tard. Mais un cadran juché au-dessus d'un magasin indiquait quatre heures. Clémence, tout en déclinant l'offre avec mollesse, fit cette remarque : on les attendait seulement au magasin entre cinq heures et cinq heures et demie. Alors il insista.

Henriette ne voulait point. Il lui semblait que s'asseoir avec un homme dans un café serait faire acte de fille.

— Puisque Mademoiselle ne veut pas, puisque Mademoiselle ne veut pas, répétait Clémence.

Henriette craignit qu'on ne la jugeât pimbêche. Elle appréhenda de blesser ce monsieur aimable, d'être malhonnête gratuitement. Aux nouvelles instances de Sicard elle se laissa emmener par Clémence qui lui avait pris le bras.

Clémence et Sicard devinrent familiers. Henriette se moquait au fond, estimant très bêtes

leurs allures galantes, elle sourit pourtant par
condescendance. Eux s'encouragèrent de ce sourire. Rendez-vous, amitiés, querelles, brouilles
furent étalés devant la jeune fille. Peu à peu
leur conversation s'aigrit. Ils se lancèrent au
nez de vieilles rancunes de six mois et ils pre-
naient Henriette pour arbitre.

Dans la rue du Bac, Clémence dit :

— Voilà deux ans que nous sommes ensemble tout de même, Sicard et moi. Au bout de
tout, c'est un brave type.

Un instant, elle songea ; puis :

— Il y a des jours comme ça où il n'est pas
aimable. C'est pas étonnant, il est si préoccupé.
Car il est très intelligent. Ça ne fait rien, il a
été bien gentil quand j'ai eu ma fausse-couche,
l'été dernier. Il m'a veillée trois nuits.

Et elle ne tarit plus ses éloges jusqu'au moment de leur rentrée. Ce fut le récit exact de
leur bon temps, des promenades estivales à la

campagne, des repas sous les gloriettes au son
des musiques foraines, et le champagne, et d'im-
menses mirlitons, le retour dans le dernier ba-
teau-mouche, en chantant. Elle dit les trains de
banlieue, les courses, les spectacles, les drames et
les opérettes écoutés dans les loges velours en sa-
vourant de délicieux bonbons ; les dîners chers
aux restaurants chics, les bals superbes à l'Opéra,
les soupers à l'Américain où on mange du ho-
mard en s'éventant, sous les lustres, toutes
bougies allumées.

— Et puis, il y a des fois où nous restons
sans sortir, toute une journée, chez lui. Il y a
un bon petit feu, et du soleil dans ses rideaux.
Nous faisons du café, une salade d'oranges, et il
m'embrasse et je l'embrasse. C'est très bon. Il
a un grand divan en belle soie. Nous restons
l'un près l'autre, tout près, tout près, et il me
lit des romans qui font pleurer. Nous nous
aimons bien. C'est la seule joie, après tout.

Clémence s'attendrit. Dans ses gros yeux
bleus des larmes fluctuaient. Elle tira son mou-

choir. L'attendrissèment gagnait Henriette aussi.
Ces aveux lui dévoilèrent des sensations exquises,
possibles. Si dans une union aussi désagréable-
ment supportée que celle-ci, de pareils plaisirs
se rencontraient, quels ne seraient-ils point entre
une jeune fille jolie comme elle et un jeune
homme mieux que le clerc. La curiosité d'amour
qui, depuis le dimanche, la lancinait, s'aug-
menta de cette certitude que l'expérience en
était charmante. Et la tortura le désir irréali-
sable de tenter ce bonheur. Elle s'attrista, mau-
dissant la ruine qui l'empêchait du mariage. Et
la grosse Clémence, avec sa chevelure rouge
tassée à la diable sur son visage criblé de taches
blondes, cette simple brodeuse aimante et aimée
sans obstacles, elle l'envia.

Au magasin, M. Freysse, assis bas près la
grande sœur, lui causait. Par malice, Clémence
tarda à ouvrir la porte. Elles regardèrent à travers
la vitre. Marceline écrivait, et sa face régulière
pâle, souriait aux paroles du patron. Elle releva
coquettement la tête, l'appuya dans sa main et

fixa M. Freysse qui, chaleureusement, plaidait.

— Oh ! comme votre sœur lui fait de l'œil !
Mais c'est une déclaration. Ce que Léontine va
rager.

A cette boutade, Henriette voulut protester :

— Ce n'est pas bien de dire ça.

A la caisse, Marceline, sur une haute banquette, écrit, compulse le grand-livre, classe
des lettres. Sa main blanche furète parmi les
paperasses. Parfois son profil sévère se tourne
vers le dehors. Elle suit dans une rêverie la
fuite des passants. Elle songe au moyen d'acquérir une maison de commerce et de la payer
rapidement. Elle se bâtit un roman de vie
triomphante ; elle tente des entreprises heureuses ;
elle ouvre là, en face, un magasin de décora-
tion, où tout se vendrait, depuis les bronzes mo-
dernes, les Carolus Duran et les Bonnat, jusqu'aux amphores romaines et aux tessons étrus-
ques.

VI

L avait plu. L'asphalte réfléchissait en coulées d'or flave les tremblances des lampadaires.

Clémence et Henriette marchèrent vite, l'œil hypnotisé par ces rondes lueurs qui s'égrenaient en double rang, se joignaient au bout de l'Avenue droite, comme les gemmes d'un collier flamboyant. Seule lumière dans la nuit terne.

Au coin de la rue des Pyramides, deux hommes flânaient en fumant. Ils s'approchèrent. C'était Sicard et Albarel.

— Bonsoir, Mademoiselle, dit le clerc à Henriette, le chapeau bas. Excusez-moi si je ne vous ai pas saluée, cette après-midi, c'était par discrétion.

— Vous avez eu raison, Monsieur.

— Permettez-moi de vous présenter mon ami Maurice Albarel. Mademoiselle Henriette, la première de Clémence.

Les deux jeunes gens allèrent ensemble, en se donnant le bras à côté de Clémence. Henriette, aux moments où l'on passait sous la lueur des lampadaires, tentait d'apercevoir le joli garçon dont le teint et les lèvres l'avaient captivée tout de suite. Chaque fois elle rencontrait l'œil d'Albarel fixé sur elle et la dévisageant.

Comme Sicard devenait plus intime avec Clémence, l'autre se rapprocha d'Henriette. Il lui parla du temps. Et, pendant qu'il parlait, que sa voix lente coupée par les brusques sauts de l'accent méridional résonnait à ses oreilles, elle comprit qu'il lui plaisait, qu'elle vivrait bien avec lui.

Ils la reconduisirent à trois. Rue du Bac, les deux hommes attendirent que Clémence l'eût

mise à sa porte. Avant de rentrer, la petite
Goubert regarda, pour apercevoir encore. En
se couchant, elle rendit actions de grâce à son
amie qui, si discrètement, avait su lui procurer
un amoureux. S'interrogeant sur cette frasque,
elle n'y découvrait rien que de naturel et de
convenable. Leur entretien avait été honnête,
même banal. Il s'était conduit en homme bien
élevé.

—————

Depuis Pâques, les ouvrières veillaient. Seule
Marceline partait de bonne heure. Henriette et
Clémence revenaient de compagnie, très tard.
Maurice Albarel put les reconduire, chaque soir.

Henriette s'amusait énormément du mal qu'il
se donnait pour lui paraître aimable. Elle affectait
de dire peu de choses, se bornant à lui répondre
par de brèves phrases.

Peu à peu, elle se laissait conquérir, incon-
sciente, par les charmes de sa conversation, par
les prévenances qu'il montrait.

Ils allèrent au café, tous les quatre, une fois.

Elle le vit bien alors, dans toute la splendeur
de son teint mat, de ses pommettes rosées, de
ses joues fines où s'appliquaient des favoris ras
et soyeux. Il avait des yeux noirs, perçants, une
main grasse et blanche, des ongles en amande,
et, au petit doigt, un gros cercle d'or sertissant
un diamant.

Il sut commander des bavaroises au chocolat.
Ses initiales étaient gravées sur sa canne. Une
femme très bien mise essaya de se faire reconnaî-
tre par lui. Il la toisa avec dédain. Pour cela
Henriette répondit par une furtive pression à la
pression constante de son genou sous la table.
Dans la rue, elle ne fit pas trop de résistance
pour se laisser embrasser au moment du départ.
Et quand il demanda si elle l'aimait un peu, elle
se sauva sans répondre, plutôt que de dire
« non. »

La trace du baiser lui demeura sur la peau, la
brûla longtemps. Elle conservait et elle goûtait
avec d'intimes joies la sensation des lèvres chaudes
collées à sa joue.

...Et ce n'était pas une faute que s'accommoder de la société quotidienne d'un jeune homme beau et aimable quand on n'accordait rien autre qu'un baiser volé. Elle n'était pas encore si coupable que sa sœur qui, elle-même, après tout, n'avait pas tort.

VII

Sur les premières marches de l'escalier, Henriette s'arrêta, étroitement accotée à Maurice. Elle regardait, inquiète.

A ses pieds, la silhouette — noire, rouge et or — d'un municipal ; le dos — brun et menaçant — d'un sergent de ville. Puis, sous les plafonds gris de perle, aux raies indistinctement vertes ou violettes, par-dessus un reflux de haut-de-forme, de feutres mous, de chapeaux de femme aux cimiers de couleurs et qui s'envolent, le flou mirant des glaces, le halètement du gaz en les globes blanchoyant ; un tréteau avec des fronts chevelus courbés sur des violes, avec un bras qui s'agite en l'air. Et des bourdonnements sourdent de cette cohue ; des cris aigus percent par intervalle ; soudain, des plaintes d'instruments à cordes, des stridences de cuivres éclatent, montent, montent et le tout se confond un une clameur qui enfièvre.

— N'entrons pas ; j'ai peur.

— Vous êtes folle ; c'est très amusant, Bullier : vous verrez.

Albarel entraîne Henriette.

Très vite elle se fit à ce tumulte, à cet éclaboussement de lumière. Son insouciance revint et sa causticité en même temps. Elle s'amusa du mauvais goût des toilettes de ces dames, des allures canailles des unes, de l'attitude gourmée et prétentieuse des autres, de leurs tics : ce chapeau fleuri comme une plate-bande ; cette grosse blonde engoncée dans sa poitrine ; cette toque d'astrakan ; cette grande maigre à pince-nez en caraco olive ; cette fourrure pelée comme un chat galeux ; ces pendants d'oreille ; cette agrafe ; ces breloques sur ce ventre ; ce bracelet

dédoré sur ces gants sales ; celle-ci qui gambade ;
celle-là qui se disloque ; une troisième qui marche comme un canard ; une autre qui ajuste à
chaque instant sa tournure.

Et les messieurs donc !

Des débraillés, la barbe hirsute, le gilet ou-
vert, la cravate au vent, un feutre sur le côté,
à l'artiste. Des gommeux étranglés par des
hauts-cols à double écran, le pantalon étriqué
sur des souliers pointus et énormes, les mains
gantées brique... De gros messieurs à lunettes
lorgnaient en-dessous les filles, n'osant pas. Des
pierreuses mûres s'étalaient sur les banquettes,
un rictus provoquant par leur bouche édentée.
Mais les nègres amusaient surtout. Il y en avait
d'admirablement cirés, avec des yeux ronds et
blancs ; d'autres étaient café au lait ou marron,
avec une barbiche au poil rare sous un nez
épaté dont les narines s'évasaient, obliques.

— Ho, ho, les amoureux !

Une tête de femme saillit au travers des bras
liés d'Henriette et d'Albarel ; ébouriffée, aux

commissures des lèvres une moue et cordiale et taquine.

— Que tu es bête ! Tu m'as fait une peur.

Clémence prit une voix flûtée :

— Pauvre mignonne : on lui a fait peur.

— Et puis, nous ne sommes pas des amoureux : nous sommes des amis tout simplement, reprit Henriette avec dignité.

Et Clémence sur un ton égrillard :

— Ça viendra. Et maintenant, mes enfants, allons prendre un kümmel : c'est bon le kümmel ; ça pique.

~~~~~~

La foule se mouvait dans un coudoiement plus impérieux. On suffoquait. Et toujours repassaient les mêmes figures : des bouffies flaves, sans profil, des momifiées aux lamentables thorax ; des bohêmes déhanchés alternent avec des gommeux empalés. De temps à autre, une horizontale de grande marque surgit, magnifique, au bras d'un cavalier cossu.

4

Clémence multipliait les vers de kümmel en répétant, dans une obstination de saoûlerie, sa phrase : « J'aime le kümmel, ça piqué, » avec accompagnement de son tic ordinaire : la paume des mains rôdant à l'entour des pointes des seins. Henriette se laissait gagner par le chatouillis des liqueurs fortes contre le palais et parmi les dents. Elle avait même essayé de fumoter une cigarette de maryland,— bravade. Délicieusement ses narines aspiraient des émanations de peaux humaines. A ses oreilles tintaient, comme des vibrances électriques, les tumultes. Dans sa robe de faille obscure le col haut ourlé de dentelle, ses cheveux clairs frisottés sur le front, les joues d'un rose se dégradant, la pupille dansante sous les cils battants, la jeune fille offrait à cette heure toute la semblance d'un être prestigieux animé d'une vie factice. Par moments, des envies de crier, de chanter, de croiser les jambes dans un retroussis de jupes lui venaient.

Albarel se rapprochait d'elle, lui serrait les mains, la buvait des yeux, genou contre genou.

L'orchestre battit un air de danse. Roidement, d'un coup des reins, Clémence fut debout.

— Allons danser, mon chéri, dit-elle à Sicard qui s'exécuta sans enthousiasme.

Albarel et Henriette les suivirent pour les voir.

Déjà des couples tournoyaient. Des danseurs salariés ou de jeunes étudiants nostalgiques des sauteries familiales de province. Tout à coup Albarel dit à Henriette :

— Voulez-vous faire un tour de valse, mademoiselle.

Elle hésita. Elle trouvait cela inconvenant et même quelque peu ridicule. Puis elle consentit. Tout d'abord elle éprouva une espèce de honte à tourner ainsi au milieu d'un cercle d'inconnus ; mais, peu à peu, la perception visuelle devenant confuse dans le tournoiement de la valse, elle finit par oublier et sa honte et ses scrupules, livrée au suave et alangui vertige qui la faisait pâmer.

Lorsqu'ils retournèrent à leur table, la jeune

fille haletait, le sang à la tête et les prunelles noyées.

— Tu t'amuses, petite friponne, dit Clémence. C'était bien la peine de faire toutes ces manières quand nous t'avons proposé de venir avec nous. On ne t'a pas encore mangée, je crois. ,

Henriette sourit ; elle regarda à la dérobée Albarel qui lui pressait amoureusement le petit doigt de sa main gauche.

Attablés en face, cinq ou six étudiants roumains parlaient haut, le geste prolixe, l'accent gras et guttural. Un d'eux, grand beau garçon aux cheveux noirs extrêmement pommadés, en biais sur sa chaise, fixait depuis quelques instants Henriette à travers son monocle avec fatuité. Albarel remarqua le manège et se mit à fixer à son tour le roumain d'un air provoquant. Le roumain sourit dédaigneusement sans changer d'attitude et en rajustant son monocle. Tout à coup Albarel se leva furieux et dit :

— Monsieur, je vous défends de fixer mademoiselle de cette façon impertinente.

— Monsieur, je fais ce qu'il me plaît.

— Vous ne continuerez pas.

— Nous verrons.

— Monsieur !

— Monsieur !

— Vous êtes un malotru.

— Et vous un imbécile.

— Vous m'en rendrez raison.

— Quand vous voudrez.

— Oui, vous m'en rendrez raison.

— A pied et à cheval.

— Trêve de plaisanteries.

— Et même en ballon si ça peut faire votre bonheur...

La foule était accourue au bruit de la querelle. Des cris d'animaux, des kiss kiss. Des femmes montées sur les épaules de leurs hommes s'esclaffaient.

— Voyons, messieurs, soyons corrects. Echangez vos cartes; c'est le plus simple.

Celui qui venait se mêler des affaires d'autrui avec cette désinvolture cavalière, était un grand garçon blond dont les poings herculéens commandaient le respect. Il salua Albarel de la tête. Albarel reconnut M. de Saint-Lager. Il l'avait rencontré autrefois dans un cercle.

Les cartes furent échangées : Maurice Albarel. Pierre Coulesko.

Les curieux se dispersèrent désappointés. De Saint-Lager vint s'asseoir à la table d'Albarel. Henriette était devenue blanche comme de la craie ; ses menottes trémulaient.

— Mon cher, dans ces affaires, il faut être correct avant tout. Les paroles sont inutiles, dit sentencieusement de Saint-Lager.

— Vous avez raison.

— Je m'y connais. Je me suis battu quatre fois et j'ai servi de témoin dans douze ou quinze duels... je ne me rappelle plus exactement, reprit de Saint-Lager en frisant sa moustache.

— Voulez-vous me rendre un service ?

— Je devine.

— Voulez-vous me servir de témoin ?

— Avec plaisir.

— Merci.

— J'ai confiance en votre courage. Quelle est votre force à l'épée ?

— Oh, fit Albarel qui avait pris trois ou quatre leçons d'escrime en sa vie, autrefois j'étais assez fort, mais je suis un peu rouillé.

— Ne vous inquiétez pas. Je vous donnerai des conseils. Je connais tous les trucs, moi, vous savez.

— Je sais que vous êtes une fine lame.

— Les salles d'armes du boulevard, c'est de la blague, continua de Saint-Lager avec suffisance. Les amateurs dont on parle dans les journaux, de simples mazettes, mon cher, je les mettrais capot en douze. Voyez-vous on ne fait, de l'escrime que dans l'armée. Je vous présenterai à mon maître d'armes, ancien prévôt de la garde, élève du vieux Pons. Il la connaît dans les coins, soyez tranquille.

— Permettez-moi, mon cher de Saint-Lager, de vous présenter mon ami Sicard qui sera mon second témoin. N'est-ce pas, Sicard ?

Le clerc n'aimait pas les duels et toutes ces absurdités. Pourtant il ne pouvait pas refuser décemment ce service à un vieux camarade. Il répondit donc :

— Tu me le demandes, mon cher ?

Saint-Lager prend la carte de l'adversaire et lit : Pierre Coulesko, 3, rue Racine.

— Monsieur Sicard, nous irons, si vous voulez, chez ce monsieur demain, vers dix heures du matin.

— Parfaitement, monsieur.

— Nous pouvons nous rencontrer au café Vachette, si vous ne voyez pas d'inconvé- nient.

— Aucun, monsieur de Saint-Lager.

— Tout ça c'est des bêtises, interrompit Clé- mence.

Sicard lui fit signe de se taire. Elle haussa les épaules :

— Mon petit, il est onze heures passées, il faut nous en aller. Monsieur Albarel accompa- gnera Henriette jusqu'à sa porte.

— Comment nous ne partons pas, ensemble ?
demanda Henriette contrariée.

— Ma petite, je ne rentre pas chez moi. Je
couche chez Sicard. Monsieur Albarel, vous
reconduirez Henriette, n'est-ce pas ?

— Mais c'est mon devoir, un devoir bien
agréable, fit Albarel galamment.

~~~~~~~~~

Avant de monter en voiture, Albarel donna
tout bas au cocher sa propre adresse au lieu de
celle d'Henriette, puis il prit place à côté de la
jeune fille. La portière claqua. Le coupé roula
avec un bruit sourd sur le boulevard.

Il fait dedans une obscurité molle et enlaçante.
Dehors, à travers la vitre ternie, fragmentaire-
ment, à vue d'œil : des échappées de rues avec
des becs de gaz filant tremblés et en parallèles
qui pourtant semblent vouloir converger. Plus
près, les troncs nus d'arbres, les colonnes Morris plaquées d'affiches, les devantures closes,
mornes où parfois deux sergents de ville s'ados-
sent. Le vitrail jaune des portes de brasseries,

tantôt vomissant, tantôt engoulant des masses
noires. Et les lanternes des fiacres qui se croisent, menaçants; les cous des rosses étiques,
allongés. Des gens passent en bandes, qui chan-
tent. Et, toujours, sur le pavé inégal, le bruit
monotone des roues du coupé, en des cahots.

Henriette ne perçoit ces choses que confusé-
ment. La tête lourde des liqueurs bues, toute
secouée encore de cette scène de provocation,
elle pense à son escapade et se désapprouve:
pourquoi courir les bals publics avec un homme
qu'elle connaît à peine? Et on va se battre à
cause d'elle. Si Albarel allait être tué. Elle croit
le voir déjà blessé, sanglant, râlant. Décidément
elle a eu tort d'écouter cette folle de Clémence.
Pourtant Albarel a été très convenable toute la
soirée, très réservé. Mais ce duel, ce duel... —
Puis ses idées se brouillent de nouveau. Effet du
kümmel. Dans des étaux, les tempes; et des
crispations nerveuses par tout le corps.

Albarel prit doucement la main de la jeune
fille.

— Comme vous êtes glacée : seriez-vous malade ?

— Non, mais ce duel, un duel à cause de moi. Je suis bien malheureuse.

— Ne craignez rien, mademoiselle Henriette.

— Ne vous battez pas, je vous en supplie.

— C'est impossible, mais si vous voulez me promettre de penser un peu à moi, cela me portera bonheur.

— Et il serra plus tendrement la main que la jeune fille lui abandonnait.

Henriette répondit d'une voix expirante :

— Je vous le promets, monsieur.

Albarel couvrit de longs baisers la main qu'il tenait.

La voiture montait, en ce moment, avec des grincements d'essieux, la rue Monge. Henriette, très ignorante de la topographie parisienne, ne pouvait pas se douter de la perfidie du jeune homme.

— Si vous saviez comme je vous aime, Henriette, soupira Albarel.

Et il débita d'amoureuses hyperboles.

Il essaya de l'enlacer, Henriette se débattit, mais faiblement. Enervée par les liqueurs, la danse, et toutes les émotions de cette soirée, elle se sentait lasse, incapable de la moindre énergie. Et puis, au fond, Albarel lui plaisait. Elle aspirait avec volupté l'haleine que la bouche rapprochée du jeune homme lui soufflait au visage. Le contact de sa peau lui faisait courir de petits frissons le long de l'épine dorsale.

Tout à coup Albarel chercha les lèvres d'Henriette qu'il scella brutalement des siennes. Un instant la jeune fille voulut se dégager ; puis une neuve sensation de délicieuses torpeurs, comme d'un bain tiède et saturé d'aromates, lui coulant de la nuque à la plante des pieds, elle se sentit rendre machinalement les baisers.

La voiture s'arrêta au coin de l'avenue des Gobelins et du boulevard Arago. Albarel sauta précipitamment sur le trottoir et fit descendre Henriette. Le cocher content d'un généreux pourboire, prit avec des hilares « hue » la direction de la place d'Italie.

Henriette regardait autour d'elle, ébahie. Elle cherchait en vain l'étroite rue de Sèvres. De tous côtés de larges boulevards bayaient dans la nuit. De hautes maisons froides et silencieuses montaient. Des arbres feuillus projetaient sur la chaussée une ombre inquiétante à la clarté falote de réverbères s'alignant à perte de vue.

Albarel, qui flaira le danger, se prit à dire, volubile :

— Henriette, n'allez pas vous fâcher. Si je vous ai trompée c'est pour avoir le bonheur de me sentir auprès de vous quelques minutes encore.

— Monsieur, reprit Henriette sèchement, je vous croyais un homme d'honneur ; j'avais tort. C'est une leçon que vous me donnez et elle ne sera pas perdue.

— Henriette, Henriette, reprenait Albarel suppliant, écoutez-moi. Henriette... ne me parlez pas aussi durement... je vous aime tant.

5

Henriette, si je dois être tué dans ce duel, voulez-
vous que je meure avec le regret de vous avoir
froissée ? Pardonnez-moi, Henriette, pardonnez-
moi... je vous aime tant!... je suis fou!...

— Je vous pardonne, monsieur, quoique vous
ne le méritiez pas, mais, pour l'amour de Dieu,
une voiture, trouvez-moi une voiture. Il faut
que je rentre à l'instant. Ma sœur me croit au
théâtre... Il doit être bien tard, monsieur Albarel.
Il faut que je rentre, que je rentre tout de suite.

Au fond, la colère d'Henriette n'était pas
excessive, mais la situation l'effrayait. Albarel la
sentant adoucie, reprit :

— Il n'est pas encore onze heures et demie.
Il y a des théâtres qui finissent tard. Vous direz
à votre sœur que vous vous êtes attardée à
causer avec Clémence... Henriette, ne soyez
pas cruelle. Si vous saviez comme je suis malheureux loin de vous. Montez chez moi : nous
causerons ; je vous promets d'être raisonnable,
très raisonnable. Nous causerons un quart
d'heure, un quart d'heure seulement. Après, je

vous reconduirai chez vous, tout de suite, je
vous le promets. Henriette, je vous aime... je
t'aime !...

~~~~~~

Dans le noir opaque de l'escalier, bleuie, la
large vitre des rares fenêtres. Le pied d'Henriette
butta contre la première marche tournante.

— Prenez mon bras, dit Albarel en faisant
craquer une allumette bougie.

Ils grimpèrent jusqu'au second étage péniblement, muettement. Tout à coup, un filet
d'air qui rôdait par le couloir humide se mit à
ballotter follement la flamme qui finit par
s'éteindre.

— Nous n'avons plus qu'un étage à monter,
dit encore Albarel en faisant craquer une seconde
allumette.

~~~~~~

— Un peu de chartreuse ? demanda-t-il en
remplissant deux petits verres.

— Non, merci; j'ai trop bu ce soir; j'ai déjà la tête qui me tourne.

— Un peu, un tout petit peu, pour me faire plaisir.

Et il porta, câlin et attentif, le verre plein aux lèvres de la jeune fille. Il alluma une cigarette :

— Voulez-vous fumer une cigarette ? C'est du levant, du tabac très léger.

— Oh ! je ne fume jamais. J'ai essayé de fumer à Bullier, pour rire.

— Là, nous allons la fumer ensemble cette cigarette. Vous êtes si gentille, quand vous lancez la fumée de vos jolies lèvres roses.

Longtemps il parla, perplexe, sa main droite par les genoux d'Henriette, qui souriait machinalement, le regard vague en les plis des rideaux. De temps en temps, elle répétait :

— Il doit être bien tard; il faut que je rentre.

A cette menace, Albarel répondait par de nouvelles caresses plus hardies, se serrant contre elle.

On entendit le roulement d'un fiacre sur la chaussée.

Henriette tendit l'oreille et fit mine de se lever.

— Un fiacre qui passe, monsieur Albarel, voulez-vous l'appeler ? Je vous en supplie ; il faut que je rentre. Quelle heure est-il ? Ma sœur m'attend. Il faut que je rentre.

Albarel comprit qu'il s'attardait inutilement. Se laissant crouler aux pieds de la jeune fille, sa tête entre ses genoux, il soupira d'une voix lamentable :

— Je voudrais mourir ; je suis si malheureux. Tenez, j'ai envie de me faire tuer dans ce duel.

— Ne dites pas de bêtises ; vous me faites peur, dit Henriette d'une voix brève.

Et lui, debout et l'enlaçant :

— Henriette, Henriette, je t'aime, je t'aime, je t'aime.

Il cherche à faire sauter les boutons du corsage. Henriette effrayée se dégage des bras d'Albarel et court par la chambre. Il la poursuit, bousculant les chaises, l'œil allumé, en une exacerbation de désirs. Après une course folle autour du guéridon, il finit par la rejoindre dans un angle de la chambre. Alors sa bouche frémissante se mit à pomper comme une ventouse la bouche de la jeune fille. Ses doigts fébriles et convulsés fourragèrent à travers le corsage et sous les jupes troussées. Les cheveux dénoués sur ses épaules à moitié nues, Henriette lutta encore. Puis elle se sentit perdue, en allée et virante dans un ressac d'inconscience.

VIII

D'où viens-tu ?

— De la Gaieté.

— A deux heures du matin ?

Toute pâle, Marceline ne livrait point le passage à sa sœur, et semblait tenir à ce que la fautive s'expliquât avant de rentrer. De la lampe qu'elle élevait, la lumière tombait jaune sur son peignoir, sur ses doigts tremblotants ; et, parmi l'ombre de l'abat-jour, ses yeux agrandis dardaient un regard aigu vers Henriette dont elle s'obstinait à éclairer le visage.

Sous l'insistance de cette lueur, la fillette baissait le front en répétant : « Laisse-moi

passer, voyons. » Elle ne doutait pas que Marceline ne découvrît à ses lèvres la trace des baisers et autour de ses paupières le bridement
qu'elle y ressentait elle-même.

— Qu'as-tu à me regarder ainsi ? dit-elle enfin,
prise de méchante humeur à l'encontre de cette
volonté ennemie.

— Dis, d'où viens-tu ? demanda encore Marceline.

Mais elle s'écarta devant le geste brusque de
la petite, au cri de sa voix subitement violente :

— Je te l'ai déjà dit. Tu m'assommes à la fin.

Une rage la dominait à prévoir des interro-
gations sévères et minutieuses sur sa personne
chiffonnée. Elle défit son chapeau et retira son
peigne afin que ses cheveux épandus ne permis-
sent plus de constater ses défrisures. Dans les
oreilles lui claquaient encore les assourdissants
baisers ; ses joues ardaient ; un chaos d'idées
délicieuses et terrifiantes lui occupait l'esprit ;
elle voulait une heure de solitude, une heure
pendant laquelle il lui eût été possible d'analyser

et de classer ses dernières sensations. En quelque sorte elle avait le besoin de peser l'exquis et le décevant de son escapade afin de la juger définitivement et de se fixer une règle future de conduite. Déjà Marceline la rejoignait :

— Tu as encore été courir, vilaine, avec cette Clémence. Tu n'es pas honteuse ?

Elle déposa la lampe sur la toilette et s'assit. Ses jambes vacillaient. Dans son ignorante pudeur de vierge elle ne comprenait pas. Seulement elle pressentait quelque chose d'atroce, des mains de mâles fourrageant la toilette de la petite, dont les fripures la désespéraient ainsi que des signes de débauche. L'attitude sournoise d'Henriette ne rassurait pas. Aux questions, elle se contentait de hausser les épaules. Plutôt semblait-elle vouloir affirmer son indépendance que s'innocenter du retard.

Marceline attendait en excuse le conte de quelque folle espièglerie. Au contraire la fillette gardait une mine boudeuse, et se déshabillait lentement, sans dire.

5.

Ce silence accrut l'inquiétude tâtonnante de l'aînée. D'habitude les rires et les moqueries appuyaient les raisons d'Henriette et non une inertie morose.

— Qu'as-tu enfin, que t'est-il arrivé ?

La fillette rabattait les couvertures. Aux caresses, aux amabilités d'Albarel, elle songeait ; et soudain elle se trouva très malheureuse parce que tout cela manquait à cet instant difficile. Marceline lui parut mauvaise. Et des larmes lourdes lui fluèrent aux joues, des larmes de rage qui allèrent mouiller de taches grises les draps.

— Qu'est-ce qu'on t'a fait, dis ? demandait toujours Marceline.

Voyant ce gros chagrin, elle s'apitoya et voulut l'aider à se mettre au lit. Tranquille dans sa couche, peut-être Henriette avouerait-elle le malheur. Et des histoires de viol, de proxénétisme lues dans les journaux obsédèrent Marceline d'images redoutables. « Si la petite avait été victime d'un de ces forfaits. » Comme elle

ramassait machinalement la robe abandonnée
sur une chaise, une forte puanteur de tabagie
gagna. Alors sa peur lui fut justifiée. Elle réitéra
sa question à voix sourde, une angoisse lui
étreignant la gorge.

Sa menaçante parole épouvantait Henriette
souffrant à l'extrême, les tempes battant de
fièvre, les membres rompus. De cette souffrance
elle accusa sa sœur. Vaguement elle murmurait :
« Je ne sais pas Il ne m'est rien arrivé, tu es
agaçante avec tes... questions. » Elle ne pouvait
pourtant lui dire tout. Une seconde elle pensa
lâcher ses aveux d'un flot : puisque Marceline
aimait M. Freysse, que pourrait-elle objecter ?
Mais elle préféra céler son amour. Un intime
plaisir qu'elle ressentait d'être la seule à savoir ;
une supériorité en quelque sorte. Puis elle se
coucha. Et, pour pleurer, elle se cacha la face
dans le traversin.

Ce lui était une douleur cuisante : ne pas goûter
un répit. Elle ne pardonnait pas à Marceline son
obstination. Aimant elle-même, ne devait-elle

pas deviner la chose et se montrer plus clémente. On la harcelait par jalousie, par méchanceté autoritaire, pour l'humilier, pour bien faire sentir que l'aînesse imposait des droits. Elle, la plus faible, contrainte à tout subir. Une grande envie lui vint de riposter par des mots aigres.

— Si ma robe sent le tabac c'est que je suis allée au café, tiens !

— Comment au café ? Toute seule ?

— Avec Clémence.

— Ce n'est pas possible. Vous n'oseriez pas entrer dans un café, seules, toutes deux.

— Il y avait son... cousin.

— Son cousin ?

— Du moins elle m'a dit que c'était son cousin. Moi je n'en sais rien. Va lui demander.

Henriette se redressa résolue à tenir tête. Elle était bien assez grande pour devenir maîtresse de sa conduite, sans doute. Ses larmes avaient séché. Impudemment elle fixait Marceline. Maintenant qu'elle se trouvait femme, une nouvelle dignité, lui semblait-il, convenait.

La grande sœur aussitôt récrimina :

— Non vraiment, je n'aurais jamais cru cela de toi. Si notre pauvre père vivait encore. Est-ce qu'on va dans les cafés ? Quelqu'un vous a-t-il vues ? Mais c'est fou, c'est fou cela.

Elle se butait contre l'indifférence sardonique d'Henriette. En vain répétait-elle les mêmes réprimandes, faisant saillir son visage avec ses paroles ; les reproches glissaient. Elle s'en exaspéra. La petite sotte conservait son sourire triste et une moue ridiculement résignée, dédaigneuse.

Mais Henriette ne comprenait rien alors : elle se laisserait compromettre par n'importe qui, comme ça, pour faire une farce ? Et jusqu'où l'imprudence l'avait-elle engagée ? elle refusait de le dire. D'ailleurs où l'impudeur pouvait-elle conduire ? Marceline ne savait. Là encore elle choppait à son ignorance de la vie. Et dans cet accul de pensées elle se débattit sans

résultat, ne trouvant rien qui pût confirmer son
appréhension d'irréparable chute et rien qui l'y
pût soustraire. Muette, elle songea longtemps.

Plus que des reproches ce silence navra la
petite. Le chagrin que Marceline affectait lui
pesa comme un blâme cruel. N'était-ce pas
rendre plus odieuse la faute que jouer cette rési-
gnation douce ? Vraiment ce l'agaça de voir sa
sœur pousser d'énormes soupirs en visant le
mur. Il paraissait qu'elle, la plus petite, la
sacrifiée, en somme, martyrisait cette grande
fille bête, bête à la fin avec ses mines d'agneau
qu'on égorge.

———~~~~~———

— Va, ce n'est pas moi qui ai perdu notre
réputation...

Henriette s'interrompit pour délibérer si elle
rapporterait les dires des ouvrières. Elle hésita
par honte d'outrager. Cependant, Marceline ne
saurait-elle pas un jour ou l'autre qu'on jasait
de ses rapports avec M. Freysse. Mieux valait

maintenant. Ce lui serait moins pénible d'apprendre de sa sœur que d'une personne étrangère qui humilierait. Et, surtout, bien qu'elle refusât de l'avouer, Henriette travestissait sous ces motifs l'envie de vengeance. Elle la couvait depuis que Marceline, ayant compris sa faute, l'empêchait de se recueillir en la mémoire de son amour. Bientôt cette envie la conquit toute, et elle se décida à reprendre sa révélation. Elle dit, sans regarder Marceline qui, silencieuse et triste, pensait.

— Va, sois-en bien sûre, ce n'est pas moi qui ai perdu notre réputation. Il y a longtemps que c'est fait.

— Qu'en sais-tu ? Que dis-tu là ? Tu parles comme une sotte.

~~~~~~~

Henriette conta.

— Tu ne le crois pas au moins, implora Marceline.

— Non, moi je te dis ça...

Exprès elle glissa dans sa réponse une into-
nation de doute, afin de laisser savoir qu'elle
ajoutait créance.

Et Marceline sombra dans la désespérance de
sa vie. Sans larmes, elle gémissait avec des rages
froides contre la méchanceté des êtres. A établir
des projets de réfutation, des circonstances
qu'elle ferait naître pour fournir les preuves de
sa conduite indemne, elle s'évertuait en vain.
S'ils se réalisaient, tous ses moyens ne serviraient
qu'à la rendre ridicule et à mieux convaincre
encore les gens dans leurs mauvaises suspicions.
Et des doutes aussi l'assaillirent. Avait-elle commis des imprudences ? Au fond M. Freysse ne
lui était pas indifférent comme elle eût voulu
le persuader. Voilà ce dont elle s'apercevait à
présent. Et se navra.

La bougie brûlait à longue flamme.
Tout d'abord Henriette ressentit un triomphe

à voir Marceline peinée et son insupportable
orgueil abattu. Cependant elle jugea suffisante
sa vengeance. Même elle se reprocha la brus-
querie de ses phrases.

Puis elle se complut à la philosophie qu'elle
s'était forgée le jour où la sœur fut soupçonnée.
C'était folie que de vouloir lutter contre la situation faite par le hasard. Mieux valait en jouir :
tourner à profit les inconvénients. D'ailleurs elle
préférait l'état présent. Riche, elle ne serait
pas aujourd'hui la maîtresse adorée d'un charmant garçon, ni la cause d'un duel, ainsi qu'une
noble héroïne de roman. Des gens l'auraient
poursuivie en mariage, pour sa dot. Il valait
bien mieux être aimée pour soi ; et cela se
présentait autrement honorable et digne que
d'être prise avec des cent mille francs, par
surcroît. Et, tout heureuse, dans le silence de
la chambre morne, elle évoquait la douceur des
caresses, la chère voix du jeune homme trem-
blant à son oreille d'émotion amoureuse. Elle
ressentait à nouveau le plaisir de se savoir fou-

gueusement désirée ; un appétit la pénétrait, un appétit de baisers et d'embrassements, de suaves étreintes dans l'atmosphère virile de la garçonnière.

IX

Dans la vacuité matinale du café ; devant un vermouth à moitié bu et des journaux qui battent aux tardifs balayages, — de Saint-Lager attend.

Un grand garçon sur la trentaine, au cheveu rare, d'un blond éteint, aux yeux gris, ronds, dardant un regard fixe, satisfait et impudent, au nez qui se dessine légèrement aquilin sur d'épais cartilages. Des épaules carrées, montantes, de larges mains aux courts doigts, des pieds pesants et plantigrades. Il se dit d'antique noblesse poitevine, apparenté aux plus illustres familles ; un peu brouillé — frasques de jeu-

nesse, confie-t-il — avec son père, se voit mo-
mentanément réduit à une vie quasi précaire.
Grâce à des tailleurs patients et peut-être aussi
grâce aux soins de ménagère dont il accable sa
garde-robe, de Saint-Lager présente l'apparence
d'un homme bien mis. Hautains ses chapeaux
se recourbent, hautement ses hauts cols poin-
tent. Couché tard, levé tard, il passe ses après-
midi à la salle d'armes et ses nuits autour d'une
table de jeu. Peut-être un peu ami des dames
mûres, peut-être un peu écornifleur, mais, en
somme, bon diable, jovial compagnon, d'une
nullité d'esprit tumultueuse et rassérénante.

———

— Mille excuses, monsieur de Saint-Lager :
je vous ai fait attendre, dit Sicard en arrivant
tout essoufflé.

— Mais il n'y a pas de quoi, mon très cher.
Il reprit avec un sourire :

— Je devine. L'affriolante rousse d'hier soir
vous a fait faire la grasse matinée.

Contraints les muscles cachinnatoires du clerc jouèrent.

— Oh non. Elle est partie de bonne heure pour son magasin... Seulement j'ai dû aller jusqu'à l'étude prévenir de mon absence.

— Ah.

— Il est dix heures vingt. Nous allons partir tout de suite, si vous voulez.

— Parfaitement.

— C'est là, en face.

— Rue Racine, 3, n'est-ce pas ?

— C'est ça.

Hermétiquement boutonnés, roides, par à-coup dorsaux, ils montent dans la blafardise de l'escalier.

Pierre Coulesko, très digne, bien que troublé un tantinet, reçoit les témoins de son adversaire. En toilette matinale : veston de flanelle moulant la chute des reins, chemise de soie mauve ; et s'érige l'encolure vigoureuse où les nerfs saillent. Il donne l'adresse de ses propres témoins d'une voix blanche. Alors c'est, l'espace de deux secondes, des convexes de torses piétées sur la tension du jarret; des bras qui se baillent en avant, inertes; puis dans l'air, la courbe mordorée des chapeaux remis. Un claquement de porte qui se referme.

Dehors.

L'ascendance du boulevard Saint-Michel dans du soleil. Et l'estivale viridité des arbres rajeunis poudroie. Les teintes plates des affiches versicolores s'allument aux cylindres des colonnes Morris; des fiacres se précipitent, comme en aval, des fiacres clopent, comme en amont; les cornes des tramways tintamarrent. Aux terrasses des cafés, sous les tentes éployées, des adolescents glabres, des donzelles aux corsages aoutés spirent au travers des pailles la frigidité des liqueurs. Devers le Luxembourg, parmi la cohue gesticulante, grisaille ou bariolure de carême-prenant, — Saint-Lager et Sicard vont.

Dans la chambre de Paul Vraziano, un tout jeune homme adipeux déjà, aux yeux étrécis qui, derrière un binocle, cillent. De taille gigantesque, de maigreur fantasmatique, un front de tartaglia macabre sous un toupet en jube de fauve, le cuir dartreux où, profond, se creuse le pli naso-labial, — tel Alexandre Giska, le second témoin de l'adversaire de Maurice.

Tous quatre, depuis dix minutes, controversent.

— Je propose la frontière belge, reprit de Saint-Lager.

— La frontière belge !

— Ce me semble prudent. Je connais bien M. Albarel, ce duel ne sera pas un jeu ; et....

— La frontière belge, parfaitement. M. Coulesko a horreur des rencontres pour rire ; et moi-même...

— Oh ! nous avons là-dessus les mêmes idées, M. Giska, j'en suis sûr, une égratignure...

— Ne vaut pas la peine qu'on se dérange.

— Assurément.

— Je me suis battu trois fois.

— J'attends ma cinquième affaire...

— Je ne voudrais pas vous avoir pour adversaire.

— Croyez que...

— Vous devez être une fine lame.

— Hé, hé !

Quelque temps encore, de telles rodomontades. Enfin un premier procès-verbal de la rencontre est rédigé et signé.

Et sur le pas de la porte :

— Ainsi nous partons demain soir par le train de neuf heures.

— C'est entendu.

Et des salutations comme d'un geste d'androïde.

Un amas de paperasses sur le secrétaire de vieux chêne. Deux bougies clignent tristement par la chambre obombrée. Maurice Albarel, la main capricante, trie ; par crainte d'une indiscrétion posthume, il trie parmi ces billets d'amour aux surannés parfums, ces portraits de femme, ces boucles de cheveux ; il trie parmi ces lettres familiales, ces cartes d'amis, ces quittances niaises...

Bientôt, dans le foyer vide, une subite flamme qui bleuit scelle à jamais le secret de maint brimborion.

Debout, devant la cheminée, Albarel songe :

— Certes, je ne suis point poltron. Ce duel, une bonne aubaine, en somme. Il m'a déjà gagné le cœur d'Henriette. Et puis, ce doit être si amusant de raconter plus tard les péripéties d'une affaire d'honneur. Mais si j'étais tué ? Bah ! un dénouement tragique est si rare. Et quand même, la vie, une mauvaise blague.

Albarel anticipe en son imagination la scène du combat. Il se voit là-bas, dans l'air grivelé du matin, sous les arbres, debout en bras de chemise. L'éclair de l'épée adverse lui cingle la vue...

Ce ne sera rien, conclut-il. Pourtant une soudaine appréhension l'empoigne : « Si j'allais avoir peur ! »

6

Et de tous les recoins de la partie obscure de la chambre, cette obsédante phrase diversement se répercute.

Le tic tac de la pendule semble ânonner : « Si tu allais avoir peur ! »

Le masque japonais étire les commissures de ses lèvres exsangues comme pour insinuer : « Si tu allais avoir peur ! »

On eût dit même que du bleu des écrans les monstrueux cacatois caquetassent : « Si tu allais avoir peur ! »

Alors Maurice Albarel se sent, la durée de quelques secondes, saisi d'une terreur reflexe. Et ses mâchoires claquent.

~~~~~~~~~

Dans un très vieux quartier, une ruelle torte aux squames d'herbes. Dans une maison à lézardes, au bout d'une allée étroite, donnant sur la cour, une salle basse aux carreaux embus. De nombreux fleurets y strient les murs ; des épées de combat, des sabres de cavalerie, des haches d'abordage, des pistolets d'arçon, un heaume ceignent en trophée le brevet du maître d'armes, Monsieur Bardille.

Le père Bardille est un vieux troupier ayant dépassé la cinquantaine, moyen de taille, solide encore sur la *planche*, malgré l'apparente lourdeur de sa démarche. Des yeux gris aux pupilles abonnies, le cuir de la face tanné comme son plastron de professeur. De longues moustaches d'un blond roussi fluent sur des lèvres de fumeur de pipe. Il parle en zézayant.

— Monsieur Bardille, dit de Saint-Lager, je vous amène mon ami, M. Albarel qui doit se battre demain matin.

— Ah !

— Vous allez lui montrer une de ces bottes...

Le père Bardille examine à la dérobée Albarel.

— Il a fait autrefois des armes, mais il est un peu rouillé.

— Nous allons voir ça.

Maurice regarde machinalement autour de

lui, le cœur pris d'un malaise torpide : lui apparaissent, en une trémulation, les murs striés de fleurets et les aciers fourbis du trophée.

Du vestiaire de la salle d'armes, des âcretés de coutil mouillé montent. Un jour triste se filtre à travers le ternissement des vitrés.

« Une, deuss, fendez-vous. »

En compagnie de ses deux témoins et de Ravasse qui avait bien voulu assumer la responsabilité de médecin en cette affaire, Maurice mangea un copieux dîner fortement arrosé. Il fut très gai, très loquace, un peu nerveux assurément. Le café pris, comme l'heure du train approchait, ils montèrent tous quatre en voiture, Saint-Lager à côté de Maurice, Sicard sur le strapontin, Ravasse avec le cocher.

Saint-Lager portait les épées soigneusement enveloppées dans un pardessus ; en les cahots de la voiture leurs gardes vinrent parfois heurter la cuisse d'Albarel. Ce contact lui causa de la répulsion.

Une brise fraîche cinglait, avivée par la course rapide du véhicule.

Maurice pensait : maintenant c'était fini. Il ne pourrait pas faire autrement. Il allait se battre. Demain il allait sentir devant sa poitrine une lame menaçante. Demain il serait grièvement blessé, mort peut-être, oui, mort, là-bas, au diable, dans un pays étranger ; mort, gisant au milieu d'un bois !

Le long du boulevard la vie grouille. Maurice Albarel demeure muet, plongé dans une vague inconscience.

Et, sous le clair ciel d'été, au flamboi du gaz, les feuillages épandus semblent de la tôle vernissée. Dans les boutiques les panneaux à glaces centuplent les globes blafards des girandoles. Les tramways se ruent, béhémots aux prunelles incandescentes. Des êtres se meuvent en traînant leurs ombres par le trottoir.

La gare du Nord. La lumière électrique :

6.

funèbre et bleue sur les dalles de l'embarcadère. Des appels, des pas précipités, et le brouhaha de toutes les tarrabalations du départ.

Albarel court au guichet.

Près lui, un grand jeune homme cause avec un employé du chemin de fer. Il reconnaît son adversaire. Un regard est échangé, furtif, prompt.

En wagon. Sicard s'assoupit dans un coin, de mauvaise humeur malgré ses protestations. Ravasse fume, taciturne, coiffé d'un tapabor en drap rayé. Saint-Lager donne à Maurice des conseils sur la manière de se tenir pendant le duel.

Le train file dans la nuit avec des sifflements aigus. Aux stations des portières claquent, la voix des conducteurs chante dans la paix nocturne. Parfois des voyageurs montent dans le compartiment des duellistes : un monsieur à lunettes ou quelque vieille dame roulée dans un châle à grandes palmes.

Albarel se sent très dispos, un jarret d'acier. Ses appréhensions de la veille se sont évanouies. Il se dit : « Je n'aurai pas peur, » et il fume des cigarettes en causant avec Saint-Lager. Il s'amuse aussi à regarder par la portière : des bourgades endormies, avec un clocher pointu dont l'ardoise mire la lune ; des collines mollement ondulées à l'horizon ; les méandres d'une rivière bordée de saules ; un sous-bois et des troncs noueux et des guis hâtifs et des hautes herbes, en une pénombre mystérieuse. Des plaines à perte de vue où des moissons javellent.

~~~~~~~

Mons. Déserte la grande place parmi les matinales grivelures. Un air d'ennui béatifie les façades nues des maisons au cordeau. Malgré la belle saison la bise point comme dard. Lourdement s'ébranle la cadrature de l'antique horloge.

~~~~~~~

Deux surannées guimbardes roulent avec des grincements d'essieux hors Mons. Dans la première, Coulesko et ses témoins, dans la seconde, Albarel et les siens.

De Saint-Lager se rengorge. Il répète :

— Vous allez voir si je sais diriger un duel.

Ravasse a complètement rabattu son tapabor. Par moments, dans une demi-somnolence, il miaule :

— Chiiic.

On traverse des villages. Des maisons blanches de chaux. Des carrés de betteraves. Sur le pas des portes des paysans en veste de cadis, la face rasée et rébarbative. Un coq claironne derrière une haie. Un cheval hennit. Des chiens jappent.

La guimbarde roule.

Maurice repasse dans son esprit des coups droits, des parades de tierce, des ripostes, des liements, un tas de projets.

Pendant ce temps, Sicard se penche hors la portière, très inquiet.

— Nous sommes suivis; nous sommes filés par la police.

— Allons donc.

— Regardez.

En effet, à une distance de quarante mètres environ deux individus semblent suivre les voitures au pas de course.

— Ce serait une sale affaire, dit de Saint-Lager sourcilleux.

— C'est amusant vos sacrés duels, grommelle Sicard.

Ravasse, sous son tapabor, clame !

— Chiic.

Albarel cherche à rassurer tout le monde.

Soudain les voitures font halte devant la lisière d'un petit bois.

— Messieurs, dit Saint-Lager, mettant pied à terre, nous sommes suivis. Serait-ce la police ?

— Il faut éclaircir cela, fit Vraziano.

— En tous cas, reprit Saint-Lager, commençons par mettre les armes en sûreté derrière ce buisson.

Pendant ce colloque, les deux individus, cause du désarroi, arrivaient sur la route, tout essoufflés.

C'étaient des bonshommes très adipeux, aux yeux bagués de graisse, aux vastes mentons doubles. Ils étaient vêtus uniformément d'un habit de drap bleu à boutons de métal, d'un gilet à fleurages et d'un pantalon du plus beau nankin.

De Saint-Lager les interpella d'une voix terrible.

— Qui êtes-vous? Que venez-vous faire ici?

Les lèvres rasées des deux bonshommes s'étirèrent en un sourire béat:

— Oh! monsieur, rassurez-vous, nous ne sommes pas de la police; nous sommes de braves bourgeois et nous venons nous amuser, savez-vous?

On rit. Les deux imprévus spectateurs prirent place sur la route auprès des voitures. Les duellistes pénétrèrent dans le bois.

Les préparatifs du combat touchent à leur fin. Maurice Albarel regarde autour de lui dans une perception légèrement confuse : Giska, en longue houppelande râpée, sa jube léonine au vent, essaie la solidité d'une des épées en la brandissant. De Saint-Lager cause avec Vraziano.

Plus loin Coulesko patiente en effeuillant des brindilles. Ravasse et le médecin de la partie adverse, un barbu gibbeux, après s'être promis mutuelle assistance, sont en train d'étaler méthodiquement leurs trousses sur le gazon. Et tout cela dans une atmosphère fuligineuse.

Quelques minutes plus tard Albarel se trouva l'épée à la main en face de son adversaire.

De Saint-Lager scanda :

— Allez, messieurs.

Un cliquetis. Du heurt des lames des étincelles jaillissent. Albarel pousse devant lui, presque inconscient. Ses coups sont parés ou ils n'arrivent pas. Enfin, après un dégagé, il lui semble que quelque chose d'inconsistant a cédé. Tout à coup, témoins et docteurs accourent. Coulesko a baissé son arme avec une grimace. Il est blessé au biceps droit. Après examen son médecin le déclare dans l'incapacité de continuer la lutte.

De Saint-Lager s'approche de Maurice, la mine navrée.

— Peuh ! une égratignure. C'est bête.

Puis, lui serrant la main :

— Enfin, mes compliments : ce n'est pas votre faute. Si j'étais le témoin de ce monsieur, je l'aurais forcé de continuer le combat.

X

Sur l'absence d'Henriette M. Freysse interrogea Marceline :

— Elle est souffrante, elle est si délicate.

— Vous ne pensez pas qu'elle s'écoute un peu trop ? Peut-être abuse-t-elle de votre affection.

En rougissant, elle protesta.

La veille, revenue par hasard de meilleure heure au logis, elle avait découvert sa sœur occupée à faire disparaître de ses habits les souillures d'une poussière fraîche. Sans doute la fillette espérait abolir ainsi les traces d'une sortie clandestine.

Une scène encore les bouleversa. Henriette prétendit avoir été prendre l'air, un instant, au Luxembourg afin d'atténuer sa migraine. Pour quelle raison alors ces soins de toilette si elle ne tenait pas à taire sa promenade, demanda Marceline.

— Oh! tu es si drôle, répondit-elle, toi tu vois le mal partout. On est obligée de tout te cacher.

Depuis, Marceline certaine de la faute, ne cherchait plus que les moyens de céler à tous ces malheurs, à M. Freysse surtout. Elle prit froidement la défense d'Henriette, s'attardant à l'excuser et à en faire l'éloge, un peu satisfaite au fond de leurrer M. Freysse qu'elle se promettait de tenir à distance dorénavant. Elle lui en voulait des racontars émis sur leurs communes relations. Lui, avec son expérience d'homme, aurait dû se montrer assez délicat pour éviter les allures familières et compromettantes.

M. Freysse insistait.

— Mais enfin dites-moi quand elle doit venir. D'ici là je la ferai remplacer par quelqu'une de ces demoiselles.

— Je suis sûre qu'elle arrivera tout à l'heure ; elle me l'a promis. Ce matin elle souffrait un peu ; elle a demandé à rester couchée une heure de plus.

— Je puis compter sur elle, alors ?

— Oui, monsieur.

Vers onze heures, la caissière, qui inspectait toujours l'avenue dans l'attente de la retardataire, observait machinalement l'omnibus de la place Saint-Michel. Quelques mètres avant le magasin, le conducteur fit le signal d'arrêt. Mais les chevaux entraînés par leur élan ne cessèrent courir que beaucoup plus loin. Par une instinctive curiosité, Marceline voulut voir la dame probable qui allait descendre, et sa toilette. Ce fut Henriette. La petite aussitôt se hâta et entra dans le magasin en criant à sa sœur :

— Tu vois bien que je me suis levée, bougonneuse.

D'un geste gamin elle lui mima les cornes et tout de suite courut à l'atelier.

Si vive, cette précipitation, que Marceline ne put lui rien dire. Pourtant il l'intriguait de savoir comment l'avait amenée l'omnibus de la place Saint-Michel, lorsque cette voiture ne rejoignait pas leur itinéraire habituel des rues du Bac et des Pyramides. Certainement Henriette avait commis une nouvelle fugue en ce court espace d'heures.

Cette dernière frasque assura Marceline de son impuissance à convertir l'absurde petite. En vain avait-elle jusque ce jour gardé quelque espoir de l'induire en des sentiments d'honneur propres à garantir pour le plus tard une vie calme. A toutes les leçons, comme à toutes les suppliques, Henriette se déroba.

Lasse enfin de cette lutte, Marceline se détermina à ne plus tenter de conversion. L'autorité nécessaire pour dompter ce tempérament lui faillissait. Elle n'osa prier les Freysse de se substituer à elle-même. Sa timide honte le lui interdit.

Henriette déjà babillait avec ses compagnes et faisait des confidences à l'oreille de Clémence :

— Tu sais, lui dit celle-ci, le patron était furieux après toi tout à l'heure, tu vas avoir un savon.

— Oh ! il m'ennuie le patron. D'abord ça commence à me raser de venir m'embêter à l'heure, ici, tous les jours, pour quelques malheureux francs. On ne gagne seulement pas de quoi prendre un sapin. Il faut rouler les omnibus où on éreinte toutes ses jupes.

— Pour sûr, c'est bien dégoûtant. Est-ce qu'il a changé de logement, M. Albarel ?

— Oui. Nous avons tout déménagé hier. C'était drôle. Nous nous sommes joliment amusés. Ce matin j'ai été encore remettre un peu ses affaires en ordre. C'est pour cela que je suis arrivée en retard.

Alors Henriette conta les péripéties du déménagement. Une bonne femme en plâtre était tombée sur le trottoir, au moment où on descendait du fiacre, et il y avait eu un rassemble-

ment d'au moins vingt personnes pour venir
regarder les miettes.

— Tu penses si j'étais honteuse. J'ai vite filé
dans la maison, sans même payer le cocher.

Maintenant Albarel habitait un appartement
superbe, rue des Ecoles, au premier. Du balcon
qui saillissait devant les deux portes-fenêtres, on
voyait jusqu'au boulevard Saint-Michel.

— Seulement, si tu savais, c'est plein de grues
la maison, mais des femmes très chic avec des
diamants comme ça.

Avec Albarel, elle avait dernièrement visité
tous les magasins de japonaiseries pour rafraîchir
l'ameublement un peu fané du jeune homme.
Quelle joie cette course, et la satisfaction de
choisir beaucoup.

Elle contait tout à Clémence, sans lassitude
de parler. Cette nouvelle existence la grisait. Sa
mémoire virait d'un objet neuf à un autre objet
neuf, d'une caresse à une parole aimable, d'une
escapade drôle à un refrain de café-concert. Cela
valsait en rond à l'entour de son esprit et lui

fixait, sans qu'elle le sût, un sourire aux lèvres et aux yeux.

Cependant qu'elle assortissait les écheveaux multicolores gisant sur la petite table ronde, elle se retraçait ses bonheurs récents. De voluptueuses images la hantaient. Elle trouvait ça drôle comme des culbutes, un jeu d'enfant. Cette impression lui bannissait ses croyances anciennes à la solennité de l'amour, à l'importance suprême du don de soi. Elle ne comprenait plus qu'on eût si grande appréhension de se livrer. Elle voyait la passion en gai et en grotesque ; mais elle revenait toujours de pensée aux luxueuses joies de sa liaison.

La possédait une adoration du chic. Ce mot, elle le prononçait de toute sa personne, avec un effort pour le bien dire.

Elle se persuada que n'étant pas supérieure par la fortune à ses semblables, elle devait au moins les dominer par l'élégance ; et cela en cette manière unique qui fait retourner les passants vers soi et excite les plaisanteries faciles de la populace. Les très pointus souliers à talons plats

et les cols hauts à deux écrous, les manches con-
tournés des ombrelles, les agrafes en fer à cheval,
une mine impassible furent les apparences dont
elle revêtit son rêve. Cela trônait pour elle dans
Paris. Elle cherchait ces marques sur les costumes
des gens. S'ils ne les portaient pas, elle les mépri-
sait. A cet apparat corroboraient, lui semblait-il,
certaines occupations exclusives aux riches. Tel
le spectacle versicolore des jockeys volant par
essaim au ras des pelouses.

Une partie aux courses d'Auteuil était conve-
nue avec Albarel pour le lendemain. D'avance,
Henriette se promettait là des joies extrêmes et
une attitude très guindée de miss. Mais il lui
fallut penser aux prétextes possibles pour s'ab-
senter ce jour encore. Elle ne pouvait plus se
feindre malade, d'autant que Marceline savait ses
fuites du logis. Le calme et le silence de la
grande sœur l'inquiétait. Que cachait-elle sous
cette mine sournoise, et ces regards obliques où
se devinaient des colères ? Lui demeuraient encore
à la mémoire les reproches haineux d'avoir com-

promis l'avenir commun ; elle craignait que subitement une hostilité n'éclatât, une révélation à M. Freysse de ses découchées et un exil peut-être en province chez ces parents du midi très pauvres, qui n'avaient pu venir à l'enterrement de M. Goubert. Quelle vie affreuse elle prévoyait là, loin de Paris, de l'Opéra. Jamais elle ne tolèrera cette mesure ; même devrait-elle rompre avec sa sœur et les Freysse. D'ailleurs les Freysse lui importaient peu : monsieur était poseur, madame si bégueule, et les insupportables petites filles qui adressaient des questions sur tous les objets. D'autres magasins existaient dans Paris où elle trouverait emploi ; elle était si bonne étalagiste qu'on la paierait certes plus cher. Vraiment, sous prétexte d'amitié, ces Freysse servaient bien leur avarice.

Depuis quelque temps Marceline affectait un mépris qui perçait ses plus futiles paroles et ses gestes les plus ordinaires. Ceci devenait intolérable pour Henriette. Sincèrement elle se mit à détester la grande sœur ; elle eut le rappel de toutes ses injustices et des affronts. Aux repas, on reléguait Henriette à l'autre bout de la table ; sans lui dire merci on en recevait les plats ; on s'obstinait à ne point lui répondre. Aü fond, Marceline avait fini par ressentir envers sa sœur une véritable répulsion.

Alors Henriette ne médita plus que les moyens d'amener Albarel à redire sa proposition de vie commune ; et, bien que Clémence s'efforçât de l'en détourner, elle se complaisait de plus en plus à l'espoir de s'offrir du bon temps, quelques mois, quitte à reprendre du travail ensuite, l'hiver.

·0❭❬0·

L'INTERMÈDE

LE JUBILÉ DES ESPRITS ILLUSOIRES

A lande odorante s'exhale par la nuit cave, tous astres enfouis.

Devers les ombres gourdes des cyprès titille le mélodique Présage du Jubilé : Falot, grêle ; — invisibles ailes de cristal qui s'émient, choient : — Bruits petits, malices d'arpèges ; musiques aquatiques d'ocarina. Et brisures.

Des silences glacent les bourrasques lamentées. Verte, la Larve flotte sur les replis de sa croupe torte, en un halo de Puissance violette. Elle signifie.

Sons de cristal et de cymbales. Les lémures chauves en linceuls translucides, les doigts unis pardevant leurs diaphanes carcasses, planent méditatifs, et s'irradient de luisances héliotropes. Sons de cristal et de cymbales.

Sourdent les parfums du musc pénétratif, du musc érotique ; des chants comme voix de cors en déroute.

Gestes évocateurs des lémures: et se trace la Région Factice en violâtres moirures. Puis montent les décors illustres tandis que s'éclipse la lune troublée jusqu'à se teindre de santal.

Alors.

Au centre des cataractes limitantes, la larve trône, et ses yeux d'eau, et sa couronne de belladones.

Croulent les flots mauves autour d'Elle, depuis le ciel d'or battu jusques au sol de cuivre.

Avec des aspects de verreries, des fleurs riveraines opalines aux mains, la légion des lémures s'aligne sur les rocs d'ivoire vierge.

Les buccins clangorent la gloire des Puissances. Des accords de lyre s'expirent en vibrations de dernier spasme. Les chants supérieurs des harpes hiératiques s'éploient par-dessus les eaux stridentes ; les chants hiératiques s'éploient. Ascension.

En simarre d'orfroi où les Signes s'inscrivent, le Mage à barbe astrale paraît au milieu de son cortège de Kobolds et de Sylphides. Sa dextre élève le sceptre de cinabre à sept pointes d'améthyste. La tiare à neuf couronnes d'or, à neuf bandelettes, à neuf serpents blancs charge son front incolore, son visage incolore. Et dans ses yeux d'Au-delà, les peuples passent en longues traînées gémissantes.

Longtemps, avec sa majestueuse attitude de montagne, il demeure dans l'extase sacrée sous le halo violet de la Larve contemplée. Et les musiques déclinent en modulations susurrantes qui défaillent puis ondulent, se relèvent vers les corps des sylphides voletant, les corps nus et bleus, fuselés : hanches creuses, maigres seins, bouches émaillées, muettes, et les nappes des cheveux céruléens.

Le Mage s'éveille de l'extase, le sceptre vers les Kobolds gibbeux et claudicants qui se prosternent et touchent le sol de cuivre de leurs crânes ridés, de leurs barbes touffues et grises. Et les voilà traçant les cercles médiateurs et les ellipses de force, les caractères vocatoires, les signes aux spirales complexes qui unissent les vigueurs occultes des mondes. Hors leurs barbes touffues et grises les paroles de l'Incantation s'exaltent, les paroles révélatrices, essentielles dont les syllabes font surgir des lueurs.

Vapeurs incarnadines qui émanent des cercles et des signes ; elles se massent en colonnes, en fronton de temple, qui, vite, jusqu'aux blancheurs du Paros s'apâlit. Vapeurs qui courent basses vers les cataractes ; elles les noient de flots blanchoyants : — une mer. Une mer qui se fonce, et se lisse, et se paillette de madrures argentées, et reflète un invisible soleil d'Orient sur son eau bleue, plane. Un soleil d'Orient terni par le halo de Puissance violette et les irradiations héliotrope des lémures.

Le chœur des Kobolds.

Esprits illusoires ! O vous, leurres décevants à l'homme, ô vous qui du Nirvâna suprême chassez la Vie.

LE CHŒUR DES SYLPHIDES.

Esprits robustes, esprits actifs, qui Lui ravissez la
Parfaite Contemplation, la Divine Ataraxie.

LE CHŒUR DES LÉMURES.

Voiles incertaines au détour des fleuves, fantômes
gemmés, corolles des fleurs mortes.

LE CHŒUR DES KOBOLDS.

Esprits forts qui voilez à l'Ennemi les Normes Con-
quérantes.

LE CHŒUR DES SYLPHIDES.

Ailes des oiseaux aveugles ; sons dans la campagne
plate ; fanaux de la nef éperdue.

LE CHŒUR DES LÉMURES.

Vous qu'Il aime ; mirages vôtres où il s'exténue.

LE CHŒUR DES KOBOLDS.

Allées longues par la forêt vers les lueurs finales
chues dans les crépuscules empressés.

LE CHŒUR DES SYLPHIDES.

Esprits défenseurs qui tuez l'Intelligence Ennemie
et nous gardez la possession des Rhythmes invio-
lables.

LE CHŒUR DES LÉMURES.

Volutes de la vague enflée ; crotales titillantes ; voix de filles.

LE CHŒUR DES KOBOLDS.

Sous les formes que vous prêta le délire des poètes et des bardes ;

LE CHŒUR DES SYLPHIDES.

Au Jubilé des Dominateurs ;

LE CHŒUR DES LÉMURES.

Aux sacrifices propices, à la vue propice de la Larve, aux paroles propices du Mage ; Pardevers les Supériorités, et les Œuvres, et les Intentions ;

TOUS.

Soyez en vision.

Comme une plainte éloignée halète le chant des rameurs, une plainte éloignée dans le soleil d'Orient et dans la mer volutante. Gonflée des vents la pourpre triangulaire de la trirème glisse aux flots argentés ; les boucliers suspendus contre la carène resplendissent, et les avirons battent d'une triple salve les ondes épaisses. Puis le chant des matelots domine le tumulte fraîchissant du flot qui s'abat au péristyle sacré. L'hippogriffe de la proue galope dans les eaux

crêtées d'or. Du bord les trompes sonnent les triom-
phes, et les fleurs jetées, et les baisers de femmes, et
les enthousiasmes poudroyants.

Successivement descendent de la trirème :

ACHILLE ; ses cheveux blonds croulent sur sa cui-
rasse aveuglante ; il darde furieusement des regards
verts et frappe le sol de son talon sanglant, impa-
tienté ; ses bras forts sont liés de chaînes ; il est
maintenu par ULYSSE qui s'avance en la figure d'un
vieillard robuste dissimulant des armes sous son
ample manteau ; SPARTACUS coiffé de rouge, brandissant un glaive ; puis le groupe d'EPONINE et de
LUCRÈCE, en longs vêtements blancs, celle-ci brune
et sévère, celle-là blonde et timide ; les sœurs BAC-
CHIS, la poitrine nue, ceintes de bandelettes dorées,
des parfums dans les mains, les lèvres ouvertes et le
geste inviteur ; HORACE hirsute chargé de dépouilles ;
ROLAND invulnérable, proclamant des défis ; le DOC-
TEUR FAUST marche absorbé dans la lecture d'un
antique manuscrit dont il suit les lignes avec un
compas ; ALCESTE ; HARPAGON couronné de la mitre
de Toutes-Puissances. Puis une foule de guerriers et
de femmes qui, peu à peu, quittent la luisance du
soleil pour entrer dans la lumière violette où se
fardent les tuniques flottantes et l'azur des armures.

Des murmures, des lamentations et des cris de
rage sortent de cette multitude que les Kobolds
poussent vers les degrés du temple.

Alors ᴜᴇ Mᴀɢᴇ.

Clos mes yeux intérieurs
Aux belliqueuses crinières
Dans la bravoure des aspides et des tacles :
Aux crinières de paix et de caresses
Dans la bravoure des paresses,
Aux crinières à templettes
Violettes : clos,
Aux formes exilées des nombres et des normes : clos
Mes yeux intérieurs.

Aᴄʜɪʟʟᴇ.

Je suis le simulacre de la Force. Au commencement je guidais seul les Hommes ; j'ai fait tout le
prestige des premiers chefs et des premiers rois. Mes
décisions étaient la Justice. Le Droit fut créé pour
consacrer mes actes et mes vouloirs. Mon bras s'abat-
tait sur les peuples, et les peuples devenaient es-
claves pour des siècles. On les appelait les ma-
nants, les serfs ; on nous appelait les nobles. Vois :
mes pareils Ajax et Agamemnon pasteurs des peuples, et Diomède, et Nestor, et Ménélas comme moi
enchaînés. Celui-ci, cet esprit de Ruse et de Dol
nous a liés avec sa parole fleurie, avec son or, et il
nous a relégués dans la plèbe ; nous ne triomphons
plus que sur les tréteaux, dans l'emblémature des
bateleurs et des athlètes, pour amuser ses loisirs.

ULYSSE (*le frappant*).

Qu'elle se taise, cette brute bavarde, cette cervelle
vide. J'ai surpassé les forts par ma lente et patiente
habileté, j'ai miné l'œuvre des plus célèbres conqué-
rants et des brûleurs de citadelles. C'est moi qui ins-
pirai les peuples industrieux des villes, c'est moi qui
inventai les riches tissus et les hanaps précieux, l'art
complexe des procédures, l'opulence. Ceux-ci ont
voulu boire à mes pièges et ils ont abandonné tout
leur pouvoir pour un peu de ma babiole.

SPARTACUS.

Liberté! Liberté! Les peuples s'égorgent et crient :
aux tyrans ! On pille les Palais, on détruit les aris-
totechnies. Les prétoriens se ruent au meurtre et
souillent les vierges. Les murailles flambent. Liberté!
Liberté ! Et j'abuse les hordes des mortels, car elles
n'ont encore deviné la risible contradiction du lien
social et des aspirations libres.

HORACE (*l'embrassant*)

Je suis le simulacre de la Patrie. Par ce nom les
Ames avides font se massacrer les plèbes pour la jouis-
sance de leurs grands désirs. J'excite au carnage
l'idiote multitude ; et je l'emmaillotte dans le sang ;
et je la berce dans les Désespérances. La Famine

austère, la Prostitution austère suivent les Combats.
Viens. Nous sommes les Frères Dérisoires.

(Ils rient aux éclats).

ÉPONINE ET LUCRÈCE.

Dans l'honneur, dans la vertu conjugales nous en-
dormons les sèves et les ruts ; nous sommes le Gynécée. Nous nivelons la hardiesse des esprits jeunes,
nous sommes le Gynécée.

LES BACCHIS.

A nos lèvres les vieillards viennent humer l'illusion
de l'amour que leur refuseraient les vierges et les
femmes : nous sommes infâmes. A nos seins les
éphèbes versent l'affolante rumeur de leur sang ; ils
sortent de nos bras repus et plus forts pour la lutte :
nous sommes infâmes. A nos flancs, à nos lignes les
initiateurs comprennent des beautés et des harmo-
nies : nous sommes infâmes.

ROLAND.

L'invulnérable spadassin ! L'honneur ! Les hommes
s'invectivent et se pourfendent. Les Préjugés et la
vie leur scellent l'Impassibilité.

LE DOCTEUR FAUST.

Par la Science, par ses spéculations, les mortels
devinent comment pourraient ravir extatiquement

les délices de la Connaissance. Vers ces félicités en-
trevues à peine ils se précipitent fous d'allégresse et
de désir. Alors, avec l'Autorité des choses écrites par
les primitifs dans l'enfance du monde, j'étreins l'essor des imaginations. Les foules effarées de savoir
hurlent et menacent, et les chercheurs errent parmi
les Ambiguités et les Contradictions. Sous ces ban-
deaux lourds, vers la Lumière indistincte, ils errent
en de navrances infinies, vers la Lumière, vers la
connaissance à jamais close. ET ILS LE RECONNAIS-
SENT.

ALCESTE.

Je suis le simulacre de l'honnête ; je drape la Ruse
et la Richesse de longues attitudes pudiques et moroses, mais infrangibles.

HARPAGON (*à sa parole tous s'inclinent*).

Obéissez. Et fêtez pour l'exaltation de nos sens,
pour l'exaltation de notre esprit, pour l'exaltation
de notre exclusif bien-être. Mais où fuirent les Entités Jolies, esprits volages et futiles que la *Comedia
dell'Arte* créa.

LE MAGE.

Apparaissez,
Entités au néant du réel condamnées par votre
félonie.

Apparaissez.

Pour une trêve, sauvées de vos entraves humaines,
   sous les arceaux royaux des Rites,
Apparaissez.

Surgissent dans le ciel d'or battu, par-dessus le
fronton limpide du temple, Henriette, Marceline,
Albarel. Tous trois chevauchent un monstrueux
phallus d'asémon.

Quelque temps ils planent, puis s'abattent au centre de la fête ainsi que des étoiles filantes.

Rumeur. Des rires unanimes frissonnent dans la
foule. Les Kobolds courent aux arrivants et les battent. Les Sylphides les giflent avec des palmes.

Des fleurs riveraines opalines agitées, de leur vol
circuitant autour des Enchantés, les translucides
Lémures atténuent le charme pénal. Des teintes de
ciel au couchant illuminent les faces blêmes et ardent
dans les yeux voilés par l'atone de l'existence réelle.
L'émail des sourires commence à briller comme des
lunes jeunes; les gestes évoluent avec l'ampleur
rhythmique des périodes sidérales.

LE CHŒUR DES LÉMURES.

Forinetta !

Hors l'enveloppe épaisse de la transformation ter-
restre, vers les formes pures de l'Idée, viens.

Henriette-Fiorinetta.

(Gracieusement ses blonds cheveux s'affolent ;
des colliers au cou ; et la jupe courte de satin blanc
est lignée de lilas et de rose).

Je suis la gentillesse des Amourettes. Aux pans de
ma jupe, aux pleins de mes bas, à l'agacis de mon
sourire troussé les sages et les sots se hâtent. Pour
étreindre le rire fantoche de mon cœur, ils se hâtent.

Le Chœur des Lémures

Léandre !

Hors l'enveloppe épaisse de la transformation ter-
restre, vers les formes pures de l'Idée, viens.

Albarel-Léandre.

(Un pourpoint de satin bleu-ciel lui ceint la poitrine ; gantée de blanc, sa main s'appuie sur la poi-
gnée d'une rapière à fourreau de velours blanc ; des
senteurs fines émanent de ses hardes opulentes, de
son feutre gris galonné d'argent).

Je suis le prestigieux mannequin des Élégances,
des Manières exquises, des Diplomaties, des Luxes
et des Chamarres. A mes éperons, je traîne les yeux
énamourés. Pour moi les femmes se prostituent, les
énergies peinent durant la vie des peuples, l'ambition
hallucinée par mes Ordres et mes Toisons d'Or, et
mes Cordons, et mes Commandements et mes Minis-
tères.

Le chœur des Lémures.

Silvia !
Hors l'enveloppe épaisse de la transformation ter-
restre, vers les formes pures de l'Idée, Viens.

Marceline-Silvia.

(Poudrée en longue mante de satin gris).
Dans la stagnante mélancolie, dans les langueurs,
dans les torpeurs de la mort, dans le Souverain Ennui et l'Envie expectante, les imaginations meurent
pour les immédiates et impossibles Réalités. Et j'offre l'apparence de la Sagesse.

Ils rentrent dans la foule.

Le Mage.

Chaos lucide,
Chaos rationnel,
Chaos de latescences, où,
Parmi les Transfigurations,
Parmi les Glorifications
Des architraves et des ogives,
Passent en laticlave
De pourpre,
Passent, passent et demeurent :
Les surfaces, les angles égaux,
Les surfaces et les lignes,

Les angles, les angles égaux.
Chaos, rationnel Chaos. —

Les barbes limoneuses des fleuves
Battent comme des élytres.
Au remuement sempiternel
Des crocodiles.
Sous les frondaisons
Qui jamais ne perdent
Ni feuilles ni pétales
Se pavanent les bisons,
Les onocrotales.
Et les dolentes proboscides
Des éléphants,
Se ceignent de guirlandes de roses
De guirlandes et de festons
De roses.

Sous les rosiers,
Sur les roses,
Les taureaux
Meuglent aux chairs novales
Des pythonisses ;
Et le Centaure fait hennir les cavales,
Cependant que
Des vierges d'Idumée mordent
La queue des léopards.

Les serpents sifflent et râlent,
Les serpents râlent sur la tête de la Gorgone.

Le Héros conçu d'or,
Conçu d'or fluide ;
Le Héros arbore la tête de la Gorgone à la pointe
    ensanglantée de son glaive,
Et la lune qui se lève hule,
La lune hule à la tête horrible.

Sur la croisée-de-quatre-chemins, les mystes
Tracent des pentalphes ;
Et leurs mitres
Mirent la lune rétrograde.

Et, là-bas,
Là-bas, près des remparts sous les barbacanes,
Près des remparts où ruent les bombardes,
Vêtus de hauberts légers combattent
Les soldats de Charles ;
Et la princesse Hélène leur sourit,
Du haut des remparts où ruent les bombardes la
    princesse sourit aux chevaliers
Qui portent ses couleurs aux plumes de leurs casques.

Chaos lucide,
Chaos rationnel
Chaos de latescences, où,
Parmi les Transfigurations,
Parmi les Glorifications
Des architraves et des ogives,
Passent en laticlave

De pourpre,
Passent, passent et demeurent :
Les surfaces, les angles égaux,
Les surfaces et les lignes ;
Les angles, les angles égaux.
Chaos, rationnel Chaos.

XI

Sous les hauts chapeaux mirant le fauve crépuscule, leurs visages mats et sertis de barbes rases culminaient le dur col à écrou d'or, les sombres costumes britanniques qui sanglent.

Les jeunes filles ralentirent l'allure inconsciemment afin de les mieux voir : pour quelque explication, les joncs à pommes précieuses tranchaient l'air au bout de leurs mains gantées brique. Fixes au sourcil, les monocles dardaient des lueurs de métal, et sur l'asphalte grise, glissaient les bottines à la poulaine minces, et noires, et longues.

8.

La double file des demeures à balcon s'angulait vers les touffes vertes des Tuileries jusque la silhouette équestre de la Pucelle élevant son oriflamme de bronze. Dans le vent doux, dans la lumière fauve, bruissaient les fiacres et leurs toits luisants comme de convexes glaces, et leurs lanternes nettes. De là se dressait un ciel de satin vert fané, piqué de l'astre unique et minuscule qui devance.

Soudain des sourires blancs illuminèrent les faces des amoureux. Elles répondirent du geste et des lèvres avec des salutations affectées. Ils se rejoignirent. Tout de suite Sicard héla :

— Sapin !

Un cocher dirigea vers eux sa victoria qui vint raser le trottoir.

— A l'Horloge, commanda Maurice.

~~~~~~~~~~

Ils suivent les quais. Les moirures scintillantes du fleuve bercent le pers du ciel. Les bateaux massifs y pèsent avec leurs fanaux ronds semblables à de gros rubis. Bruns sur les pourpres de l'extrême horizon, se groupent les monuments et les toits des faubourgs. Les minarets du Trocadéro gardent encore une goutte d'or à leurs cimes. Plus loin le quadrige de l'Arc triomphal galope tumultueusement dans les dégradations citrines du couchant éteint.

Ils ne parlent pas. Dans le cadre de ses cheveux roux Clémence semble une figure de sépia. Henriette réfléchit gravement. De gestes menus et distraits elle défripe les plis de sa jupe.

C'était en somme une sérieuse détermination que celle prise de rester complètement avec Albarel. Ce joli garçon, brun et gommeux, sera-t-il sien toujours ? Sa richesse l'écartera peut-être d'une trop grande union. Alors Henriette seule. Ou non. Adroite, elle saura, par de savantes prévenances, lui devenir tout à fait indispensable ; elle finira par tenir une part de lui, de son intelligence, de ses espoirs. Longtemps ils resteront amants jusque le jour où, persuadé de ne pouvoir conquérir meilleure fiancée, il l'épousera. Au pis, s'il la quitte, elle reprendra son travail. Après ces quelques mois de plaisirs, plus aimable lui semblera l'existence ainsi pailletée de souvenirs luxueux et joviaux.

D'ailleurs quand elle délibérait si elle serait persévérante en son actuelle façon de vivre, l'image de Marceline vicieuse et sévère lui imposait le rappel de toutes les insultes subies. Ce la déterminait aussitôt.

Par contre sa liaison de six semaines ne lui laissait que des réminiscences heureuses. Les lèvres épaisses et rouges de Maurice, ses lèvres chaudes et duveteuses ; les consommations succulentes des somptueuses tavernes ; l'orgueil de s'étendre dans les coussins des voitures et d'abaisser son regard vers la foule hâtive qui piétine.

Au concert. Parmi les verdures du feuillage blanchi de gaz les pîtres à faces crayeuses, grat-

tent les cordes imaginaires de fallaces mando-
lines, et esbaudissent par les sursauts capricants
de leurs maigreurs maillotées en noir.

Ils n'y restèrent point longtemps. Henriette
fit remarquer que bientôt sonnerait l'heure où il
lui faudrait rejoindre son logis. Malgré les dé-
négations d'Albarel, elle insista. En son *plan*,
forcer les prières du jeune homme jusqu'aux
plus humbles et aux plus pressantes expressions
afin de n'avoir l'air de céder que par apitoiement,
c'était l'essentiel. On laissa Clémence et Sicard
devant leurs chartreuses. Au départ elle se fit
exigeante et désagréable : dans la suite, eux
pourraient, pensa-t-elle, témoigner de ce médiocre empressement.

Mais, une fois seuls dans la voiture, elle fut
câline ; puis simula une langueur d'extase, la
taille dans les bras d'Albarel, un continuel sourire à mi-dents, des réponses silencieuses, par
signes, comme si elle ne voulait rompre un
charme intime qui la noyait d'aise.

Lui, transporté par ces mines, ne la quittait

pas des yeux ; il multipliait les frôlements doux
de ses mains, de sa joue. Elle le sentait vibrant
près de sa poitrine. Bientôt la gagna cette émotion. A son tour une sorte d'ivresse la saisit, lui
crispa les phalanges sur la main du jeune homme.
D'indomptables spasmes la secouèrent des che-
villes aux paupières.

Par le soir rose ils roulaient sous le mol balancement des feuilles entre les trottoirs bleuis-
sants.

Et, dans la chambre japonaise, ils se possé-
dèrent sous le ciel de parasols où sinuaient des
dames à éventail parmi des paysages indigo et
des saules d'or. Toute folle, Henriette ne songeait plus au *plan*. C'était le bruissement de la
chemise en soie sur ses membres fiévreux, des
jeux pareils à ceux des amours renversés contre
le mur et qui, dessinés pour quelques projets de
trumeau, culbutaient sur des roses en compagnie d'un faune.

Vint ensuite la lassitude ; avec elle la réminiscence des résolutions. Un instant la fillette

demeura sans rien dire, la tête dans l'épaule de son amant assoupi. Tous les motifs favorables ou contraires à sa fugue définitive, elle se les dénombrait une dernière fois. Elle se leva doucement.

La lueur de la lampe, sous le globe incarnadin se projetait en cercle vers ses jupons effondrés. Souriant à elle-même, la malicieuse entama la comédie dont elle avait construit le scénisme.

Et tout se passa ainsi qu'elle avait prévu.

— Tu t'habilles ? Tu t'en vas déjà ? gémit-il.

Protestations, suppliques. « Encore une heure, une heure seulement. »

— Non, non.

Des petits « non » secs et fermes.

Lentement elle remit ses bas; puis sa chemise de batiste; pudiquement elle l'enfila au-dessus de l'autre qu'elle laissa couler ensuite. Il se précipita sur cette soie tiède de ses sueurs. Un illuminisme dans ses yeux noirs et profonds tout humides de désir.

« Reste, reste. »

Une à une s'agrafèrent les boucles du corset
noir. Il la reprit ainsi mi-vêtue dans la batiste
fraîche et parfumée. A peine si elle se défendit
de l'étreinte victorieuse parmi l'enveloppante
caresse des édredons. Elle perdit la tête encore...
Puis comme il lui murmurait ses supplications
d'existence commune, elle nia toujours.

— Pourquoi ? Tu seras bien plus heureuse !

— Non. Parce que...

Boudeuse elle se feignit avec une moue de
demoiselle offensée par cette proposition de col-
lage. Lui se crut obligé à lui établir des théories
capables de lever les scrupules. De cet effort
démonstratif, où sa patience s'évertua, Henriette
s'éjouit, l'œil indifférent vers la mousmé qui,
au plafond, flairait un lotus, gênée un peu d'être
si haute sur ses patins.

Deux fois encore elle voulut se lever et deux
fois encore elle se laissa retenir. Puis, de lassitude, elle somnola. A son réveil il faisait grand
jour.

Alors elle pleura. Tout était fini. Plus elle ne

rentrerait maintenant rue de Sèvres. C'était l'existence nouvelle de liberté et aussi d'abandon. Seule, toute seule, elle supportera la vie. Car elle pressentait, dans une intuition vague encore, mais affirmée par les anciennes révélations de Clémence, que l'amant deviendrait pire que l'ennemi, l'allié faux prêt toujours à trahir et à quitter.

Il la consolait avec des paroles tendres, des choses dites déjà. La certitude d'avoir entendu de lui plusieurs fois ces mêmes protestations la navra davantage. Le souvenir de diatribes prêchées contre les hommes par les ouvrières, lui mit la crainte de s'être trompée et de passer de main en main comme un jouet et d'être méprisée par eux, brutalisée, cachée. Par contre le calme de sa vie antérieure, les joies d'espérer une richesse possible en travaillant avec Marceline lui parurent chérissables subitement.

Maurice humait les larmes sur ses paupières; il disait à voix douce comme ils allaient avoir du bonheur ensemble. Pour commencer ils

iraient dès le lendemain acheter des toilettes.
Bientôt ils partiraient à Dieppe ou à Trouville,
comme il lui plairait le mieux.

Le jour se versait à flots dans la chambre,
entre les rideaux bleus retroussés.

A mesure que parlait le jeune homme, Henriette laissait se rosir ses pensées moroses. Elle
songea, malgré sa raison gourmandeuse, aux
toilettes promises. L'idée de seoir à la plage de
Trouville avec les grandes dames la ravit. Toute
la rancœur de la routine ouvrière et familiale
l'envahit à nouveau. Et le charme de se sentir
pressée par cet éphèbe beau qui, à cause d'elle,
risqua la mort. Pour le retenir toujours elle
prit confiance en sa joliesse, en son gracieux
babil, en l'ardeur de ses baisers ; car, hors toute
préoccupation des nécessités journalières, il lui
paraissait que le perdre lui serait maintenant
une grande douleur.

Le goût de sa lèvre duveteuse ne la quitte
pas, non plus que le souvenir tactile de son
derme fin et l'influence de son regard brun.

D'ailleurs elle lui sait reconnaissance pour le
complet asservissement qu'il montre à ses désirs,
il ne la régit pas impérieusement, au contraire
de Sicard, dont la mauvaise humeur habituelle et
l'air d'ennui gâtaient les joies de Clémence trop
bonne pour se regimber.

Au Louvre. Comptoir de parfumerie.

Elle ne put se décider parmi les flacons cas-
qués de peau blanche et les boîtes en carton rose
à plombs sigillaires. L'odeur de musc s'essore
des fioles et des étiquettes, des houppes et des
sachets. Puis la tête obséquieuse du commis
mal rasé et aux dents mauvaises l'occupait
toute, empêchant d'induire des préférences.
Comme il semble affreux ce pauvre, en jaquette
verdie, parmi ces fraîcheurs de cygne, ces blancheurs d'écrins, ces piles de pots luisants et or-
nementés bleu-ciel. Elle flaire. Son regard butine
sur l'une, sur l'autre de ces choses ; elle interroge. Indécise. Maurice la conseille. Il a des

raisons péremptoires : « c'est pschutt, ce n'est pas pschutt. »

Mais, seule, elle choisit son trousseau et sa lingerie. Une joie, faire étaler les guipures, les pantalons angulaires, les matinées à jabots de dentelles ; tout lui est trop large. Et, comme il faut se résigner à prendre des hardes de fillette, elle prie Maurice de l'aller attendre dans le fiacre : — il doit être las — afin qu'il ignore la décision. Peut-être l'idée lui prendrait-il de la traiter en petite et de l'aimer moins sérieusement. Car elle redouterait une tutelle encore de cet autre.

~~~~~~~~

Jupe crémeuse de guipure sur robe havane, col et poignets de velours grenat ; et ce grand parasol écarlate à flots de rubans, à pomme ciselée ; et les bas noirs florés d'argent. Ainsi, de la chambre, sort Henriette transfigurée. Vite elle a descendu l'escalier où froufroutèrent ses seyances neuves. Elle éploie son ombrelle au soleil exorbitant qui violace les trottoirs. Dans les luisances des devantures, elle se mire : des teintes atténuées et profondes qui s'incurvent aux sveltesses de sa taille et se renflent sur le pouff. Et s'envolent au sautillement de la marche les crêmeuses guipures.

Sous les auvents de toile ; la terrasse du café Vachette bondée de jeunes hommes corrects et scrupuleusement semblables de mise, de barbe, de posture. Ils posent près le décor brun et or des boiseries, devant les tables de marbre et la diaprure des apéritifs irisée dans le cristal.

Par-dessus son absinthe Maurice sourit à Henriette :

— Tu es charmante, exquise.

Il lui ploie son ombrelle et commande du madère, pour elle. Les consommateurs voisins se retournent en œillades. Par politesse ils détournent un instant leurs faces curieuses. Très fière Henriette récapitule ses dépenses : cinq cents francs y passèrent sans que Maurice objectât. Cette largesse après la parcimonie de Mar-

celine! Le ressouvenir de sa sœur lui verse la
mélancolie et la crainte. Si on envoyait
M. Freysse pour la venir reprendre! Et quel
chagrin l'aînée dut avoir la nuit, le matin.
Mais surtout elle a peur qu'on ne veuille une
détermination sévère. Le marchand va se montrer. Elle confie sa terreur à son amant. Mais
avec des rires espiègles pour lui laisser croire
qu'elle s'en moque.

— N'aie pas peur, répondit-il, ne suis-je
point là? Il trouvera à qui parler.

— Penses-tu? S'il arrivait tout à coup.

— D'ailleurs il est facile de connaître ses
intentions : il n'y a qu'à lui écrire.

Elle n'osait pas. Cependant il lui composa
sur-le-champ une lettre dont l'éloquence la
charma. Tout s'expliquait en des termes nets et
francs qui ne permettaient plus le doute sur
l'actuelle position d'Henriette, bien que la chose
ne fût pas crûment exprimée : elle ne retourne-
rait plus à l'atelier parce que le salaire ne suffisait pas à ses besoins. Des dissentiments conti-

nuels et sans fin probable étant nés entre elle et
Marceline, il appartenait à la plus jeune de céder
la place. Elle vivrait seule désormais. M. Freysse
ne devait plus compter sur ses services. Une
phrase aimable et remerciante pour l'affabilité
dont il avait fait preuve terminait. Albarel demanda un buvard et tout de suite rédigea un
brouillon. Après quelques hésitations, elle le
recopia, très contente, au fond, de savoir que
M. Freysse et sa sœur liraient d'elle une lettre
si bien écrite et si noble, exempte de récriminations. Elle s'étonna qu'on pût dire tant de
choses en si peu de mots. Le tout tenait à peine
une demi-page. Avant de fermer l'enveloppe,
elle hésita encore. Albarel parcourait le *Gil Blas*
tout en remuant son absinthe avec la cuiller,
d'un mouvement lent, où miroitait sa grosse
bague. Sous les platanes des étudiants marchaient. Il frémissait parmi l'atmosphère une
fraîcheur de matin. La lance de l'arroseur poussait dans le soleil une gerbe de gouttes gem-
mées, bleuissantes et rubescentes. Des senteurs

d'eau montaient jusques aux feuilles. Soudain,
à grand bruit de grelots et de jantes, une voiture de courses, par la chaussée. Les quatre chevaux s'arrêtèrent contre le trottoir aux cris de
l'obèse postillon.

— Après déjeuner nous monterons dans une
de ces machines-là, dit Albarel.

Munie de banquettes en velours jaunâtre, la
voiture était haute sur roues, longue, couverte
d'une toile parasol à franges, et dorée aux panneaux de fers à cheval en écusson. Une bande
de femmes diamantées et dentellées y prit place
en compagnie de gommeux. Les éventails s'a-
gitèrent devant des visages peints. Elles eurent
des gestes élégants de leurs mains gantées gris
perle à piqûres noires. Enfin le postillon s'ins-
talla, la poitrine saillante sous les revers écarlates de sa veste. Il fit claquer son fouet et la
voiture descendit dans une nappe de soleil où
les toilettes s'illuminèrent. Des rires se perçurent
encore longtemps parmi les pleurnicheries des
grelots secoués.

Décidée, Henriette ferma l'enveloppe d'impatience de marcher sur la piste verte. Elle n'osa sinon elle eût refusé de déjeuner.

Au restaurant Boulant, dans la salle du haut, elle choisit une table faisant face aux glaces. Le soin de garantir sa toilette neuve des taches la prit toute ; cependant elle dispose sa serviette de façon à ne point laisser paraître cette préoccupation bourgeoise.

— Du caviar ? interrogea Maurice.

— Oui.

Elle mangea peu. Le miroir lui offrait sa figure blonde haut colletée de linge à gros pois rouges. Une antique médaille à demi effacée y formait broche. Sa poitrine mince se bombait en deux orbes distincts ; puis le cadre de la glace coupait l'image. Mais elle revenait toujours à son chapeau de paille, un chapeau d'homme, plat et rond avec un large ruban de soie blanche. De là ses frisures blondes s'échappaient, se disperçâient, devenaient des fils d'or ténu vers la fenêtre. Ce lui donnait un air crâne et plaisant. Albarel projetait des choses pour leur·vie commune. Ils parlaient aussi de Marceline, de Freysse, elle avec des mines enjouées mais fort inquiète en somme. Lui plaisantant et ridiculisant ces bourgeois. Très aimable il s'évertuait à lui plaire, à distendre la moue qui contractait toujours le sourire de la fillette. Des craintes la harcelaient : s'il la quittait trop vite, dans quelques jours, quelle honte !

Et quel chagrin aussi, car elle se paraissait éprise. L'appréhension vague d'une maternité qui tuerait son bonheur, autre motif encore d'abandon. Pour mater cet homme, elle s'établissait des règles de conduite. En se gardant de laisser connaître son affection, elle se l'attacherait mieux, sans doute. Et voilà que subitement, Maurice lui devenait un ennemi, un ennemi à espionner sans trèves, à asservir par de constantes batailles. Déjà ne fixait-il pas avec plaisir cette grande brune.

Elle se prévit revenue penaude au magasin des Freysse et demandant qu'on la reprît.

Des larmes fluctuèrent en ses yeux ; les fleurs de lis d'or se brouillèrent sur la tapisserie verte. Tout dansa dans le débordement de ses larmes.

— Qu'as-tu, voyons, demanda-t-il, tu es folle ? Parce que tu as quitté ta petite sœur ?

Elle se força à sourire, elle étancha ses cils. Des curieux la dévisageaient déjà en se moquant. Un monsieur myope ajusta son binocle pour l'examiner. Albarel dut lancer des regards féroces dans cette direction.

— Oh n'ayez pas l'air terrible comme ça ; vous me faites peur, dit-elle.

Ils se reprirent à causer du duel. Maurice se disait peu endurant de nature. D'elle seule il supporterait tout. Ensuite il l'initia à la pratique du sport. Il tira de sa poche une foule de journaux et consulta les pronostics. Son porte-mine biffait des noms, en notait d'autres par une croix. Choisis ses chevaux, il enferma la liste dans l'étui de sa lorgnette. Ils se levèrent de table.

Dans la glace elle s'aperçut. Et cette vision

lui prêta plus de confiance en le pouvoir de ses beautés. Elle enfila ses gants longs, prit son parasol et son éventail brodé d'oisels. Ils sortirent.

Au bureau de tabac voisin, Maurice, tout en palpant des cigares, parlait à un cocher de livrée irréprochable.

Henriette l'attendit au bord du trottoir, près une victoria neuve dont le vernis reflètait sa toilette. Un minuscule groom de houppelande pareille à celle du cocher gardait un très beau cheval qui piaffait et tentait des cabrures en faisant scintiller les nickelures de son harnachement. De frais boutons de roses fixés aux œillères.

Avec le cocher Albarel s'avança, le cigare aux lèvres.

— Monte, dit-il à Henriette, en indiquant la victoria.

— Comment?

— Du geste il lui confirma sa parole.

Elle s'étale sur les coussins bleus. Lui s'assit

à côté; jeta dans la capote son paletot et sa lorgnette.

— Comment, c'est à vous cet équipage ?

— Non. Mais j'ai pensé qu'on serait mieux
ici que dans ces grandes guimbardes bonnes au
plus à trimballer des touristes anglais.

Elle éploya son ombrelle. Le vent doux faisait
claquer les rubans du manche et lui mettait au
visage une caresse qui, capricieuse, se reprenait,
puis revenait.

Vers l'Arc-de-Triomphe on monta. Des gens
assis aux Champs-Elysées les regardaient fuir et
les suivaient de leurs yeux admirants. Bientôt
ils furent pris parmi l'enchevêtrement des équipages. Toute une famille sise dans un landau;
des babys, des petits garçons, une dame mûre,
les accompagna longtemps, leur souriant presque.

— Charmant, ce jeune ménage, fit la dame.

A cet éloge gratuit ils se rapprochèrent, et
leur doigts s'étreignirent. Henriette sentait la
prendre une ivresse de joie. Sa poitrine vibrait
étrangement.

Devant elle, s'imposaient les verdures du bois et les trouées claires des chemins étrécis par les perspectives.

C'était sa vie d'autrefois, sa vie de petite fille riche. Ainsi elle était venue aux courses, avec son père et sa sœur, elles toutes jeunes. Il lui parut que ces deux périodes de son existence se reliaient enfin. L'atelier, le travail chez Freysse, c'était l'interruption maligne dissipée maintenant. Elle songea que Marceline écrivassait, avenue de l'Opéra, que Clémence brodait avec Léontine et Marguerite. Sa lettre arriverait tout à l'heure pour effarer ce monde. Quelles têtes ils feraient !

Mais elle-même ne subira-t-elle pas leurs colères ? Bah ! Maurice la défendra.

Il ne disait rien, content de ne point distraire d'elle son regard. Si amoureux se montrait-il qu'elle commençait à le croire sincère, au moins pour un temps.

Le soleil transparaissait dans les feuilles. Au bout de l'avenue, il se voilait de buées grises et bleuâtres. Les équipages s'efforçaient vers cette lumineuse fin de la route verte.

Apparut Longchamps, la pelouse où il grouillait noir depuis le moulin de lierre jusqu'aux tribunes panachées de drapeaux.

Au loin, ceintes d'arbres effrangeant le ciel, des étendues de gazon lisse se courbaient.

La cascade bruissait de son pleur large et diaphane dans le lac, sur les roches polies.

Lentes, les voitures se pressaient comme des vaisseaux dans le bassin d'un port ; les aigrettes des cochers et les bossettes des mors s'irradiaient parmi l'entremêlement des fouets grêles.

Au fil de la pente, la masse des équipages insensiblement glissait vers le moulin.

Henriette s'appliquait à se tenir raide sous l'auréole écarlate de son ombrelle. Maurice essayait à connaître avec sa lorgnette les chiffres indicateurs aux poteaux du départ.

Ils ne parleraient plus que de sport.

Et l'après-midi se passa dans l'enfièvrement des paris.

Après la deuxième course, comme Henriette portait la main à sa poche, elle trouva une bourse pleine de louis mise là par Albarel sans qu'elle le sût.

— Pourquoi ne paries-tu pas? lui demanda-t-il.

Elle gagna, elle perdit, elle regagna. Sa poitrine tressautait à suivre le vol circulaire des jockeys jaunes, noirs, rouges. Droite, sur la banquette de la victoria, elle virait avec eux ; et les palpitations se précipitaient lorsque, disparus dans la houle des têtes spectatrices, seules les désignaient encore les casquettes multicolores, et les remous des gens subitement retournés à leur passage.

— Fini, dit Albarel, je gagne quatre cents.

— Et moi je perds douze francs.

— Parbleu, tu n'as pas voulu m'écouter.

Il regarda sa montre :

— Dis donc, elle y est maintenant, la lettre.

— Flûte pour eux, ils me laisseront peut-être tranquilles à la fin.

Elle se jugeait très brave de sa détermination. La lourdeur de l'or dans sa poche la rendait fière. Que ne ferait-elle pas avec ? Une parmi les mille reines qui commandent la mode. Peut-être des princes en villégiature l'aime-raient-ils. Quitterait-elle Maurice, dans ce cas ? Elle n'osa s'interroger et derrière son éventail étendu, pour payer son amant de cette ingrati-tude intentionnelle, elle lui mit sur les lèvres un long, un pitoyant baiser.

Elle s'en voulut de cette idée mauvaise qui la hanta.

———————

Dans un cabinet de chez Sylvain, ils dînèrent à deux au champagne. Elle l'embrassa d'elle-même à chaque instant, pour goûter ses lèvres chaudes dont son appétit ne se lassait. Et puis le voyant joyeux de ces caresses, elle crut pal-lier ainsi sa fautive prévision ; mais la certitude qu'elle le quitterait forcément un jour ne s'en affermit pas moins, sans motif, « pour ça. » Il

lui semblait que là n'était qu'un premier degré
du chic. D'autres plus riches, des comtes, la
mèneraient aux cimes. Et cela lui rendait Maurice pitoyable. Elle eût pleuré de cet abandon
fatal. Cependant que faire contre la force des
choses? Le chic : sa mission, son but, son devoir. Elle entrevoyait cela comme une carrière,
la célébrité au bout, son nom dans les journaux,
un hôtel, des hivernages à Nice.

Les œillades humantes qui la visèrent sur le
turf, elle les possède encore classées dans son
cerveau avec la mine des messieurs. Sur tous,
un à cheval, beau, tirait de l'or de sa culotte
et donnait, sans attention, à des bookmakers ;
sur la pomme de sa courte canne des armoiries
compliquées.

A cheval lui siérait la longue amazone sombre et le chapeau à haute forme sans même de
voile.

~~~~~~~

Ils flânent par le promenoir de l'Eden. Entre
les bulbes rouges des monstrueuses colonnes

qui repoussent les caissons lourds des ciels, de circuitantes hétaïres et leur factice visage où voguent des yeux en appeaux parmi les blancs et les cernes des crayonnages. A l'intense lune des flambes électriques, d'autres plus effacées encore dans les nacrures des fards, les indécisions des soies et les blonds des teintures, culminent aux bars. Des instants, elles semblent sans relief, linéaments flous d'apparitions qui terrifieraient les songes. Immobiles en des costumes de deuil se voilent des faces cireuses et sévères de chastes trépassés.

— Enfin vous voilà, vous autres, dit Maurice à Sicard et à Clémence.

Tout de suite la rousse parle :

— Oh ! tu ne sais pas, Henriette, quand ta lettre est arrivée, monsieur Freysse l'a montrée à Marceline. Alors elle s'est mise à pleurer. Mme Freysse a dû venir la chercher et la faire monter chez elle.

— Ah. Et Freysse qu'est-ce qu'il a dit?

— Il est venu me trouver. Il m'a dit que,

comme j'étais ton amie, il fallait que je te
parle. Est-ce que je sais ? Un tas d'histoires naturellement. Il a dit que c'était très mal ce que
tu faisais.

— Tiens, pourquoi aussi m'ennuyait-elle
tout le temps.

— Voilà. Moi, tu sais, je n'ai rien à te dire,
tu feras ce que tu voudras.

— Oh, pour maintenant, je ne peux plus y
rentrer.

Instinctivement ils allèrent tous quatre s'asseoir loin de la cohue, près d'un jet d'eau.

Henriette souffrit d'apprendre si grand le
chagrin de sa sœur. Une lourdeur lui pesa dans
la poitrine. Et lui vint une envie de pleurer.

— Allez, il ne faut rien regretter, lui prêcha
Sicard. Un jour ou l'autre vous auriez toujours
quitté votre sœur.

— J'espère que tu as une jolie robe, fit Clémence.

Elle la lui vanta pli par pli. Bientôt Henriette
dut expliquer des arrangements de pinces et de

fronces. Elle en vint à décrire les emplettes du matin. Comme Albarel parlait des courses, elle plaça son mot, avoua sa perte. Et, tout au triomphe de narrer ses aventures distinguées du jour, elle reprit sa joie.

Sicard commanda du champagne. La vendeuse du bar s'assit près d'eux, et débita ses banalités qui la décelèrent stupide dès les premières paroles. Des remarques sur la foule, des appréciations quelconques sur les autres lieux de plaisir comparés à l'Eden. Elle se mirait, rajustant ses frisures rouges, ou ramenant les dentelles de son corsage vers ses seins moites.

Sicard se montra froidement malhonnête. Il lui proféra des choses désobligeantes sur ses charmes blets. Elle lui répondit aigrement, lui, sans se troubler, étendu sur sa chaise, la fixait de son monocle, impassible, lui servait des injures dont les deux jeunes filles pouffaient derrière leurs éventails.

— Ça suffit, madame, conclut Sicard, je vous ai donné mon appréciation sur votre tenue.

Vous devriez me remercier et en profiter. Assez, n'est-ce pas, voici l'écot.

Ils quittèrent le bar. Henriette et Clémence ne cessèrent de redire les injures adressées à la femme pour s'exciter à rire encore. Le sérieux du clerc quand il avait débité ses sottises les enthousiasmait. Entre elles seulement elles causaient. Les amants discutaient des perfonnances tenacement et répondaient à peine, d'un monosyllabe, aux questions intruses. La satisfaction de honnir les décatissures de la fille consola de cette indifférence, bien qu'Henriette secrètement se froissât. Mais elles affectèrent ne plus s'occuper d'eux. D'ailleurs chaque fois qu'Albarel appelait sa maîtresse, Sicard le plaisantait, lui tirait le bras et l'emmenait en avant pour lui servir ses bavardages exclusifs.

Henriette lui en eut rancune; quelques instants même elle médita une adroite remontrance. Mais un dédain absolu pour ces manœuvres lui sembla plus digne.

Elles s'accoudèrent au circulaire balcon.

En leur velours obscur, où se figent des toilettes et des messieurs épars, les rangs des loges
dégradent vers la rampe. Et surgit la haute
clarté scénique, la clarté rose qui ensoleille les
colonnes palatiales. Rose et verte la profondeur
lumineuse du décor ligné par les quadrilles des
danseuses. A leurs mentons, aux sourires incar-
nadins, aux yeux creux, — des lueurs. Rose
et verte la profondeur lumineuse. Indigo les
jambes tendues des ballerines, les jambes tendues en file, hors les rondes gazes.

XII

LE lendemain fut un dimanche pluvieux. Maurice et Henriette s'attardèrent au lit pour causer.

Il lui fit dire sa vie. De ce récit qui la montrait anciennement riche, il parut attristé.

— Pauvre petite, tu as dû bien souffrir de travailler.

De même il dépeignit sa vie d'enfance et ses jeux ; puis la longue torture au bagne universitaire, les pions lâches et cruels, les professeurs imbéciles toujours punissants, soigneux de s'éviter la besogne d'instruire. Dix ans vécus entre des murs noirs de prison, derrière grilles et barreaux ; et le malheureux battu par les plus robustes, abruti de pensums et d'incompréhensibles devoirs, sortait enfin ignorant et bête.

De ces temps lugubres il parlait avec une haine. Henriette s'apitoya. Elle ne pouvait croire.

La jeunesse d'Albarel : des joies. Un héritage mangé au quartier latin ; un temps où il possédait des chevaux. Des folies, des séjours dans les villes d'eaux, le trente et quarante. Et un beau jour des dettes. La famille les soldait à condition qu'il habitât près elle. On l'associait au commerce paternel ; une des plus solides maisons de Béziers. Là il triomphait, coq de petite ville. Il organisait un tir aux pigeons, des bals par souscriptions, un cercle, une société de gymnastique, une fanfare, *la Lyre Commerciale*. Les affaires lui plaisant, aux bureaux paternels il joignit une banque. On donnait des galas. Des aventures scandaleuses avec la femme d'un hobereau lui faisaient rompre un mariage. De retour à Paris, il hantait la Bourse pour le compte de son père; sa mère, une pieuse, ne le voulant plus revoir.

A mesure qu'il narrait, Henriette se sentait prise d'une croissante affection. Elle s'attachait au conte de ses infortunes, elle s'exaltait au chic de sa prime jeunesse, elle se moquait de cette petite ville où il régna.

Le connaissant ainsi, dans son passé, il lui parut tout autre, avec un attrait plus intime, familial presque, distinct de ses qualités de mâle et d'élégant. Elle souhaita une existence calme à deux, dans cet appartement, vers un but de repos bourgeois. — Il eût ainsi remplacé Marceline. — Ses habitudes d'autrefois, elle les reprendrait, avec plus de bien-être, plus de brillant.

Elle se leva, elle se mit à ranger des choses. Lui déplia un journal anglais glissé sous la porte par la concierge, et, s'emparant d'un dictionnaire, il s'astreignit, péniblement, à traduire des articles.

Elle étouffa les bruits, en garde de le distraire. Dans le petit salon, alla s'asseoir pour coudre d'autres boutons à son corsage

La pluie tombait doucement et fine vers les parapluies et la chaussée boueuse.

L'impériale du tramway glissait contre les plus basses vitres de la fenêtre, avec le cocher enfoui dans ses carricks, et, debout contre la balustrade, un garçon de café, la tête protégée d'une serviette blanche.

— Nous allons à Auteuil, proclama Maurice qui entrait, la figure savonneuse, un rasoir à la main.

— Par ce temps ?

— Je suis obligé, vois-tu ; Palmarsa court dans la troisième. Et je viens de lire des renseignements sur elle. C'est peut-être une affaire de mille francs.

— Comment ?

— Oui.

— Tu es sûr ? hein ! Ça te passionne fort les chevaux ?

— Il faut bien : c'est la galette, cela.

Comment, pensa-t-elle, le sport ne lui était pas un simple amusement ?

De lui-même, il expliqua : ses parents, en somme, l'abandonnaient. Il ne retirait qu'une maigre commission sur les trafics de la bourse. Au pays, le phylloxera avait tué le commerce. D'ailleurs, tout le monde se trouvait dans le même cas. Les deux cents francs que Sicard recevait chaque mois de son père, et les quinze cents francs d'appointements perçus comme clerc de notaire n'eussent point suffi à payer ses repas, son loyer, son tailleur et la couturière de Clémence. Les paris heureux comblaient le déficit.

Il acheva de s'habiller.

Ses aveux surprirent Henriette. Sûrement s'atténueraient les dépenses ainsi qu'elle avait craint. Sicard et Clémence les vinrent prendre.

Après déjeuner, ils montèrent dans une grande voiture de courses. La pluie cessait par instants ; par instants le vent la poussait sous la bâche protectrice et Albarel ouvrait son parapluie de côté pour en garantir leur banquette. A Auteuil, les jeunes gens placèrent leurs maîtresses dans les tribunes, puis, revêtus de longs paletots anglais qui couvraient leurs talons, ils coururent aux drapeaux des bookmakers. Entre les averses, les courses se succédaient, sans intérêt pour elles.

Clémence parla d'amour. Elle cita les aventures de toutes les ouvrières travaillant chez Freysse. A deux, elles étaient encore les mieux partagées. Le ciel violâtre roulait au-dessus des bois sombres.

Elles ne virent plus les jeunes gens avant la fin de l'après-midi. Ils revinrent furieux et trempés. Au dernier moment Palmarsa révélée était montée à des cotes invraisemblables. A peine gagnaient-ils quatre cents francs.

— C'est déplorable, s'écria Sicard; la seule affaire du mois ratée ainsi ! jusqu'au 20 il ne courra plus que de vieilles biques archi-connues.

— Peut-être pourra-t-on tenter quelque chose avec Chrysanthème, le 17 : je verrai Delwart.

— En tous cas, nous voici avec quatre cents francs jusque-là. Mesdames, il va falloir faire des économies.

Ce mot resta dans l'esprit d'Henriette tout le trajet.

A nouveau elle retombait dans les préoccupations d'argent. La gêne bourgeoise la pourchassait, même en cette vie folle. « Economie, » cela lui sonnait comme une injure, un rappel constant de misère.

Au Boulant, il y avait la foule du dimanche. Des lycéens et des Saint-Cyriens, des calicots gesticulants.

Ils hâtèrent le repas autour de la table étroite, les hanches percées par des coudes voisins. Dans le café c'était la même cohue augmentée encore par les flâneurs, dégoûtés de la pluie, et qui s'abritaient devant un éternel bock.

Une grosse dame fit des réflexions déplaisantes sur elles — des filles ! — et interrogea son mari pour savoir comment des jeunes gens bien élevés pouvaient se perdre avec ces petites pestes.

Dehors, la pluie tombait à flots. Toute brune, la cité, d'un brun vide où seuls paraissait les éclaboussures d'or des lampadaires : et l'or coulait sur les trottoirs en longs fuseaux perdus.

— Allons chez toi, dit Sicard à Albarel, j'ai plein le dos des épiciers et des potaches.

Le temps se passa à jouer aux cartes et à boire du thé. Henriette s'ennuya beaucoup plus que les soirs de dimanche passés chez les Freysse. Et la nouvelle existence coula, monotone bientôt.

Des théâtres, elle n'aima que les drôleries. On sortait de là très joyeux, un peu lascifs ; on s'amusait huit jours à refaire les intonations de Lassouche et de Baron. Malheureusement la même pièce se jouait trois cents fois de suite. De même les opérettes. Quant au reste, des choses ennuyeuses pleines de démonstrations, ainsi que des cours d'institutrices.

Ce devint la routine grise de chaque jour. Des levers à dix heures dans la chambre en désordre, parmi les cuvettes traînant. Tout un ménage à faire avant la toilette. La concierge nettoie le petit salon. On entend les heurts de son balai contre les plinthes et les frôlements secs du plumeau. Et la femme apporte l'eau chaude et les bottines cirées, avec une mine discrète, grave de vertueuse offensée par l'appareil du vice.

Cette première ablution délasse Henriette de sa courbature amoureuse. Elle lui débride les paupières et les commissures des lèvres. Oh! s'oindre longtemps de cette eau ruisselante, odorante de vétyver.

— Vite, vite, petite, crie Maurice ; midi moins le quart ! tu n'en finis pas.

Lui, en une minute, se trouve prêt. A peine hors le lit, déjà il a son pantalon et ses chaussures. Deux coups de rasoir sur la joue droite, deux coups sur la joue gauche, deux autres sous le menton et il frotte sa figure avec sa main blanche de savon. Sa tête entière disparait sous la mousse floconneuse. Henriette ne peut se défendre de le regarder faire. Les bras musculeux et lisses du sportsman se contractent en bosses tandis qu'il se frotte vigoureusement ; et, sous la flanelle étroite, percent les pointes dures de ses mamelles.

Plus vite encore il s'essuie. Les brosses virent dans ses cheveux noirs avec un bruit de mécanique. Soudain il les jette sur le lavabo, et apparaît sa face rectiligne cadrée de cheveux aplatis, de favoris courts et ras.

Henriette le contemple, le cœur battant. A la lime il se polit les ongles et le soleil glisse rose à travers sa main fine.

Alors ils veulent s'étreindre dans la bonne odeur de leurs dermes propres et parfumés. La roulant sur le lit, il lui découvre les seins et les chauffe de ses lèvres. Sonne la demie. Henriette saute. Elle a peine à sauver sa poitrine des mains luxurieuses pendant qu'elle boucle son corset.

Habillés enfin, ils passent au salon se mirer à la psyché grande. Elle lui met la main sur son bras. Longtemps ils s'admirent et s'embrassent, heureux de se voir.

— Nous sommes très chic, hein ?

— Oh oui, nous sommes très chic, tu sais.

Chaque matin ce jugement les réjouit. Ils descendent gaîment.

Cependant que la servante du restaurant étale devant eux la serviette et les couverts, ils discutent la carte.

Jamais l'appétit n'invite Henriette à choisir un plat plutôt qu'un autre. Les choses dont elle goûta peu l'attirent. Elle recherche la surprise. Des passions pour le caviar, les crevettes, les huîtres et les écrevisses. Elle déjeûne surtout par cause d'habitude. Et puis l'attraye la joie de cette grande pièce verte et or où luisent les cristaux et les faïences, où se filtre le soleil ; les servantes vont, viennent avec leurs tabliers à bavette, leurs manches de toile, le petit bonnet de gaze juché tout en haut des cheveux sur le faîte de la torsade où il semble ne pas tenir.

Des étudiants et des femmes. Parfois un jeune homme vient serrer la main d'Albarel.

— Venez-vous au cours ?

— Cet après-midi ?

— Oui.

— Qu'est-ce qu'il y a ?

— La leçon de Bejard. Il parlera sur les fouilles d'Assur et il fera la reconstitution. Une explication des cunéifonnes sur barillet.

— Bon ; j'irai.

— Ah, vous savez, le cours d'arabe ferme le 15.

— Pas possible, et l'examen ?

— Le premier septembre.

— Il va falloir que je bûche. L'examen fera concours, n'est-ce pas, pour l'expédition Dutramel.

— Je crois que oui. Au revoir.

— Au revoir.

Un léger coup de chapeau du monsieur à l'adresse d'Henriette, et il va s'asseoir plus loin.

~~~~~~

Que tristes ces après-midi passés seule, pendant les heures de cours.

Le petit salon, son divan de velours bleu, l'o-
sier des fauteuils-bascule grenus de pompoms rouges, allure de médiocre aisance, qui, au soleil,
s'alanguit. Sur la table entassés, les livres, les
brochures d'archéologie. Si Henriette les ouvre,
ce n'est que planches architecturales pour elle
insignifiantes ; quelquefois une reproduction de
terre cuite cypriote, bonshommes rosés à barbes en boucles, à mitres pointues, chevauchant
de fantastiques montures. Vite fermés ces en-
nuyeux volumes.

De ce travail Albarel espère pour le plus
tard une mission du gouvernement en Asie.
On le décorerait ensuite. Vers cela son ambition halète.

D'un bleu jauni les rideaux en reps ouverts
sur le balcon où Henriette monte et s'accoude ;
le regard vers la rue. Passent les filles de brasserie en tabliers brodés, la sacoche au flanc, et
la chevelure chrômée. Des polytechniciens peinent à mettre leurs gants ; et leurs épées, ils les
rejettent d'un ingracieux mouvement de jambe.

Vers elle ils lèvent leurs figures imberbes et rieuses. Un geste, si elle voulait, et ils seraient heureux. Avec des si jeunes quelles parties drôles ! Mais elle détourne la tête. Elle ne doit.

Tout à coup, parmi la foule, elle reconnaît Albarel, qui lui montre un gros bouquet de camélias pour elle acheté. Et le voici à la porte où elle a couru, et la voici à ses lèvres où il la lève

Au soir, dans l'entresol du café, distraitement, Henriette butine du regard parmi les images des périodiques.

Des femmes pénètrent dans la salle, et leurs toilettes. A l'entour des tables, des groupes se tassent et s'emboivent en la fumée des cigares.

Claires les figures des jeunes femmes qui se dressent contre la tapisserie où des licornes rampent, écarlates. Claires sous le faîte aigu des chapeaux dentellés. Et des épaules effacées, gracieusement tombent leurs bras minces, leurs bras minces et ronds, contre les orbes des poi-

trines grasses. Vers ci, vers là, se dardent leurs
yeux d'acier ; vers ci, vers là sourient leurs
bouches flories.

Aux carcans blancs superposées les brunes
faces des orientaux fumèlent. Sans paroles. Et
des traits immobiles sous les cheveux bleus.
Chamoisée la tapisserie où rampent les licornes
écarlates.

Dans les froides et profondes mirances des
glaces, se glauquent les femmes, les orientaux,
les licornes écarlates, parmi le poudroiement
du gaz éparpillé.

Des orientaux les teints lisses et les gestes
graves de maîtres, extasient Henriette.

— Ecoute un peu, dit Albarel en la poussant
vers un coin et se disposant à lui parler très
bas. A voix douce il lui reproche ses regards
attentifs aux hommes. Souvent déjà il lui découvrit cette tendance à les examiner. Pourquoi ? Si elle ne les aime on ne l'en croira pas
moins fille facile ; suivront des désagréments
pour elle et pour lui.

Elle se regimbe et se froisse avec des paroles aigres, des moues boudeuses. Une colère d'être surprise et devinée au moment même de la faute. Là se révèle une supériorité de son amant qu'elle ne pardonne point. Il la domine, l'espionne et la sait jusque dans ses pensées muettes. Ainsi qu'une lâche indiscrétion, un viol de conscience, elle lui reprocherait cette trop perspicace surveillance.

— Pour qui me prenez-vous ? Oh ! mais ça ne durera pas ainsi.

Alors la voix de l'amant se transforme et devient dure. Il ne se laissera point jouer. Du jour où il la prit, une responsabilité morale lui incomba. Il a le droit et le devoir de réprimander. Pour lui d'ailleurs, il ne souffrira jamais le ridicule. Si leur commune liaison lui pèse, qu'elle dise un seul mot et il lui rend sa liberté avec de l'argent...

Puis il se prend les tempes dans les poings. Sans faire attention aux dédaigneuses mines d'Henriette, il s'accoude au-dessus d'une revue.

Comme la souffleta cette promesse d'argent.
Catin, elle était catin. Albarel parlait comme
Marceline et plus brutalement encore.

Tout devant elle tremblotait et fluctuait à
travers ses larmes, retenues par un suprême
effort de fierté au bord des cils.

— Pourquoi es-tu triste comme ça, Henriette ?

A cette bonne Clémence elle confie ses cha-
grins. L'autre aussi énumère les siens. Elles su-
bissent les mêmes hontes, la même gêne, la
même envie d'être et non de vivoter, de ramper
parmi la foule des entretenues vagues. Clémence voudrait une belle boutique, des ouvrières,
des clientes, une belle boutique rue de la Paix
ou boulevard Malesherbes. Tout en se moquant
de ces appétits modestes. Henriette l'approuve.
Elles causent et se communiquent des désirs
dans la navrance de les craindre à jamais irréa-
lisables. Albarel et Sicard parlent politique ; Castelan d'un mot jeté, pendant qu'il écrit, les réfute.

Et subitement Henriette et Clémence entament
l'éloge du journaliste tout bas. Il est si intelligent.

Un garçon d'avenir. Celle qu'il aimera sera heureuse.

— Oui, mais il ne se collera jamais, reprend
la rousse ; il est trop ambitieux. Une femme le
gênerait.

— Et Hortense pourtant.

— Oh ! une fille de brasserie. Elle va avec
trente-six autres. Il s'en moque.

Survint Hortense. Aussitôt Castelan aban-
donna ses écritures. A paraître affables les hommes
s'efforcèrent. De ses lèvres peintes elle riait aux
galantises. Par gestes brefs elle ordonnait l'édi-
fice de sa chevelure teinte en jaune ; et des mines
vers les glaces. Très proches d'Hortense, Albarel
et Sicard commencent à jouer des mains avec
elle, une envie luxurieuse aux yeux, aux doigts.

A l'écart demeurent Clémence et Henriette.
Loin de leurs amants qui affectent ne les point
voir, elles reprennent leurs récriminations. La
fillette sent battre son cœur, des larmes lui
poindre, à mesure que s'affirme plus voulue
l'indifférence de Maurice. Mais son amie :

— Va, ils reviennent toujours à nous. Au fond ils y tiennent. Il ne faut pas te désoler comme ça.

A Henriette il semble qu'une vengeance complète de la honte subie s'accomplirait, si, quittant Albarel qui la néglige, elle parvenait à jouir d'un luxe spécial et grandiose, d'une joie publique au bras d'un autre plus beau, plus riche et qu'il jalouserait. Ce serait l'abaissement de sa morgue d'homme, l'affirmation d'une infériorité : il a pu plaire quelques instants par erreur et parce qu'on était très jeune.

Castelan récite à Hortense un sonnet pour elle écrit. Les rimes sonnent hors sa bouche diserte, aimable et souriante. Ses doigts blancs scandent les vers avec un mouvement mol et rhythmique. Henriette l'admire encore. Elle aimerait fort que ces vers lui fussent adressés.

Le poète sans doute s'aperçut de cette contemplation ; maintenant, à chaque fin de vers, il la fixe.

Henriette rougit et se tourne vers Clémence.

Sur les murs du cabaret à filles. — En les tentures vertes de haute lice s'embranchent des arbres touffus ; les plats bleus réfléchissent la lumière en orbes ; les tambourins rutilent, illustrés par les peintures écolières d'habitués ; les naïades en plâtre nu sourient sur les murs du cabaret à filles. Et des hommes de guerre à la mode d'antan chevauchent emmi les vitraux entre des colonnes à devises. Du lustre en fer le gaz diffus fuit, et ses lueurs chaudes plongent dans les mirances des tables cirées. La fumée des cigares stagne.

Et l'ivresse gagne, l'ivresse de gens qui se vautrent sur les femmes.

Henriette lape le champagne. Hortense l'embrasse. Castelan lui lit dans la main, et ses ongles soignés la chatouillent, la chatouillent jusqu'aux épaules.

Le gaz diffus, et ses lueurs chaudes, et la fumée stagnante où des dentures de femmes miroitent, s'éteignent.

Cette nuit-là, la réconciliation des deux amants se fit.

Il eut des prières et des protestations très tendres ; il la supplia de ne le point faire souffrir. S'il lui disait des reproches, c'est qu'il l'adorait entière, c'est que tout entière il la voulait sienne. A ces délicatesses de passion, elle, très bonne, n'est-ce pas, saurait compatir.

Dans le lacis de ses bras doux, elle pleure repentante, s'avouant à elle-même plus coupable qu'il ne la croit. Une fatalité la pousse, lui semble-t-il, vers les caresses illicites. Inéluctablement elle se prévoit dans les dentelles et les perles par sa chair payées.

———

Une fois, en passant devant la brasserie où servait Hortense, elle la trouva sur la porte.

— Entrez donc : il n'y a personne ; si vous saviez ce que je m'embête !

Elles causèrent.

Henriette, incitée à la confiance par des aveux francs, émit ses désirs de vie plus officielle, plus luxueuse surtout. Alors l'autre donna des conseils, traça un mode de conduite suivant l'âge et l'allure des hommes.

Souvent revint Henriette.

Albarel subissait sur le turf une déveine noire. Hortense proposa de la mettre en rapport avec un monsieur sûr. La chose peut-être se fût faite. A l'heure décisive quelle folle peur la surprit, une larmoyante crainte de quitter Maurice et de de ne plus goûter à ses lèvres. Un repentir par avance de la honte et du désespoir qu'elle eût causés.

Une après-midi la blanchisseuse ayant rapporté les peignoirs, elle se vêt de dentelles blanches, le seul luxe qu'elle possède encore. Longtemps, longtemps elle se coiffe, et sur le balcon, elle s'installe, un livre aux mains.

11.

Dans la rue, Castelan, de son fiacre, salue ; et, par signes, interroge s'il peut la rejoindre. Un instant elle hésite, rougissante. Elle acquiesce enfin. Et le temps qu'il monte, elle soupçonne un viol, une faute, Hortense et Albarel trompés, toutes les émotions d'un crime passionnel.

— Vous ne savez pas, Henriette, lui crie-t-il ; Albarel est reçu. Je viens de l'entendre répondre très bien aux trois parties de l'examen. Vite habillez-vous. Nous allons le chercher. Son père est arrivé. Il lui donne deux mille francs et il repart ce soir. Quelle noce !

A se munir de toilettes neuves, les primes joies de sa liaison renaquirent.

Le surlendemain, Maurice et Henriette partirent pour Dieppe avec trois malles.

———

Galets bleuis qui, sous les pas, s'effondrent. Ourlet blanc de la mer ; il croît, se cave, bave et puis croule.

Plaine d'eaux intensément bleue, et qui, dans le ciel, se perpétue, dans le ciel couleur d'eau pâlie. Et le ciel s'infléchit, revient s'effranger aux pavillons du casino, au grouillement de la foule, aux cabanes blanches.

XLI

DANS la chambre de Castelan. Des bougies halètent parmi des potiches à bas prix, parmi des livres en tas.

Sur le canapé. Roide, le buste piété du sacrum, les jambes tendues en forme de compas éclos, Henriette rêvasse. Des scrupules et des après tout alternés tiraillent sa conscience : ce pauvre Maurice, elle va donc le tromper, pendant qu'il se morfond là-bas dans sa province. Que c'est mal. Pourtant sa curiosité de jusqu'ici monogane s'exacerbe en le souhait de caresses neuves et illicites.

Castelan vers elle se hausse avec des paroles

d'amour, des lèvres offertes. Et, lui rire au nez, d'un craqueté rire, c'est le caprice subit de la jeune fille.

— Qu'est-ce qu'il vous prend ? demande-t-il déconcerté.

— Moi ? Rien.

⌇⌇⌇⌇⌇

Et dans sa rêvasserie Henriette se replonge. Lui tente de l'enlacer ; mais, en de significatives rebuffades, elle :

— Non, non, laissez-moi.

Castelan boudeur va près la croisée entr'ouverte ; y fume en regardant la lune. Alors Henriette prend sur la table de travail un dictionnaire de rimes, et, d'une voix de tête, ânonnante, elle lit : *Vauban, Laban, Liban, Montauban... Amadis, Cadedis, Cadix, De Profundis...*

Le journaliste se met à rire, s'approche, la soulève, à pleine bouche l'embrasse. Très lourdement, comme inerte, entre les bras de l'amoureux, Henriette se laisse choir, les paupières closes, un taquin sourire par les commissures de ses lèvres faisant la grosse lippe.

Les jupes susurrant s'écrasent sur le tapis. Le corsage est dégrafé. Hors les entraves d'écailles, parmi les seins aigus où le busc a mis des tavelures, les cheveux se coulent d'or : d'experts doigts Castelan a dévêtu Henriette. La porte au lit. Ils se connaissent.

Deux heures tintent au proche campanile. Sur le coude, tournant le dos à son amant, Henriette s'absorbe en la lecture de certain livre, semble-t-il. Effectivement elle songe : vrai, ce ne valait pas de tromper Maurice. Quelle désillusion. Jamais elle n'aimera cet homme. Un caprice, à peine. Le littéraire bagou du journaliste faisait espérer des révélations. Quelle erreur ! même, maintenant, elle le juge insipide.

Castelan s'impatiente de cette froideur. En
de timides câlineries, il se hasarde.

« Non, non, » grommelle Henriette, et,
des lombes elle rue.

XIV

DEPUIS des semaines, Henriette se trouve intimemement liée avec Mme Gandon.

Trente-trois ans, petite avec un torse d'androgyne ; et l'épiderme facial mati, et des yeux comme deux grosses perles noires, et des narines qui battent, et des oreilles à la fine volute, et sa bouche équivoque, — la galante dame Iphigénie Gandon.

Son appartement : un entresol aux bas plafonds inviteurs. Les murs couverts d'étoffes à bouquets obscurs ; et des coussins par les tapis de doux poil, et des coussins sur les fauteuils déclos ainsi que des bras érotiques, et des coussins dressés aux mols divans attentatoires.

Là. Parmi les fioles à liqueurs fortes et les assiettes de friandises, la gouvernante Gudule vague. L'accort perruquier Léopold vante ses thériaques de beauté.

Le banquier juif Jacobi avec son menton de talmache ; lord Sinclair torcol et cravaté d'incarnadin ; le ci-devant bourgmestre hollandais Van Der Vott et sa face saure ; Roger de Silly ; sigisbée jamais las — les assidus d'Henriette.

Mais, les fleurs tantôt marcescentes de son amie, madame Gandon les voudrait cueillir.

XV

En faveur de M. Freysse, Marceline eût failli. Tant la possédait le dégoût des choses, des gens, de soi. Tant la navrait cette honte. La déchéance d'Henriette, si prompte, lui ôtait toute foi en sa propre vertu. Une personne élevée comme elle, asservie d'intelligence aux mêmes principes, pouvait donc choir au rang des prostituées par un coup imprévu de démence. Certainement leur sort d'ouvrières pauvres les destinait à paraître entrenues et à le devenir.

Rien ne la put dégager de cette hantise. Les brodeuses, elle les voyait, le soir, rejoindre des amants, au bout du trottoir. Elle en vint à se traiter d'imbécile : pourquoi au courant de la vie résister seule; maintenant surtout : qui l'épouserait, sœur de fille ?

M. Freysse s'efforça davantage à lui convenir. Il eut même des familiarités que, d'instinct elle repoussa. Ensuite elle couvait le repentir de ses rebuffades, car la bienveillance patronale semblait avant tout précieuse : au premier effarement de son chagrin, elle avait craint de la perdre. Remerciée alors au moindre prétexte, l'atroce misère lui serait échue. Mieux valait, au prix de son corps, conquérir l'association certaine, la richesse. Et puis quelque chose d'inexplicable l'attirait vers cet homme. Elle lui sut grâces de sa mansuétude qui excusait Henriette. Muettement elle se répétait les sordides reproches exprimables avec justice. Vers elle aurait rejailli la honte. Mᵐᵉ Freysse, moins bonne, ne taisait pas ses rancunes pour la « vilaine fille. » Mais la voix de son mari s'émouvait tout de suite, et, triste, murmurait de vagues accusations contre le séducteur. Puis :

— Au reste, peut-être l'aime-t-il sincèrement. Ils pourraient s'épouser un jour. Cela s'est vu. La petite est distinguée, instruite. L'amour, voyez-vous, c'est encore une des meilleures choses de la vie. Une bêtise d'enfant ce qu'ils font là.

Bientôt, par discrétion, on n'évoqua plus cette aventure devant Marceline. Elle-même se surprit à rêver des heures entières sans que son esprit y courût. Les projets d'association lui furent à nouveau confirmés, tout le secret des affaires produit. La maison prospérait. On ajouta au traitement de la caissière celui de sa sœur. Léontine, devenue surveillante, ne retira de cette haute situation qu'un titre honorifique, le droit de gourmander les ouvrières, et le prétexte de rejoindre souvent le patron pour requérir des conseils. Comme il énervait Marceline de voir cette grosse fille tendre sa joue poudrerizée sous la figure de M. Freysse, avec la mine de vouloir connaître exactement le grain de l'étoffe qu'il examinait. Comme une taquinerie tenace que la jeune fille se jura de vaincre. Elle accepta mieux les avances et les compliments.

Mme Freysse s'occupait entièrement de ses petites filles malades. Pour l'automne, elle dut les emmener en Algérie où leurs oncles dirigeaient une plantation d'alfa. Il fut convenu que, vers cette époque, Marceline aurait une chambre au magasin, puis que, définitivement, elle s'installerait avenue de l'Opéra. Elle dirigerait le ménage pendant cette absence peut-être fort longue.

— Comme ça, vous seriez notre fille tout à fait, ajouta Mme Freysse un soir à la fin du dîner.

La conclusion de ce speech intimida le mari. Ses regards, après s'être fixés un instant sur la jeune fille, se détournèrent vite.

Mme Freysse embrassa Marceline. Lui.

— Je vous aime beaucoup, voyez-vous, et je vous estime autant. Je ferai tout mon possible pour que vous soyez heureuse, que vous épousiez un brave garçon qui vous rende la vie facile.

Il dit cela tout blême d'une pâleur subite. Marceline s'en troubla. Elle sentit qu'il faisait un

effort terrible pour parler de telles choses. Sa
voix basse et tremblante l'avouait jaloux par
avance de ce futur qu'il proposait.

Sa femme lui demanda s'il n'était point malade.

— Je ne me sens pas bien. Je vais fumer un
cigare dehors.

Il sortit.

Sur la nappe jaunie de gaz les verres à liqueur
et les tasses avaient un miroitement doux. Le
tapage bruyait infiniment dans l'avenue.

Les petites un peu endormies, avec des sourires
mous de leurs lèvres rosâtres, s'allongeaient sur
les genoux, sur les bras de leur amie. Les longs
cheveux si pâles et si clairs et les robes blanches
faisaient une grande tache de linceul parmi la
pièce sombre aux tentures de draps verts.

Mme Freysse compta les petites cuillers de
vermeil et ferma le tiroir. Puis, assise, elle
se mit à réciter ses malheurs, non sans avoir
rempli de curaçao deux minuscules hanaps.

— Oui, elles tiennent de moi, les pauvres

chéries. J'ai toujours été palotte comme ça et
souffrante, au couvent on me traitait par le
fer. Ce ne m'a point guéri. Cependant j'étais
devenue assez forte quand je me suis mariée.
Mais ma première couche me rendit fort malade et longtemps. Depuis la seconde j'ai, au
ventre, un mal qu'il faut opérer deux fois
l'an.

Elle louangea son mari. Avec une sollicitude
admirable il la soignait. Et pourtant ce ne devait pas le ravir, si jeune encore, de posséder
une femme maladive. Elle avoua trente-cinq
ans. Marceline l'avait crue vieille. Elle continua.

— Nous avons eu nos enfants très tard.
Émile voulait un garçon. Je ne lui ai donné
que ces pauvres chétives.

Perdue en ses rêveries, Marceline cessa d'é-
couter. Cet éloge de M. Freysse l'émut à l'extrême. Il lui occupait l'esprit de son geste propre et vite, de sa barbe pointue à la manière
des seigneurs d'autrefois, de ses yeux gris où

elle lisait pour elle une passion franche. Voici que son cœur de femme se pinçait à la faire souffrir. Ensuite le désir de vaincre en influence cette grosse Léontine, de triompher, d'assurer son avenir riche ; prévues aussi de très tendres caresses d'âme, d'épidermes lisses où ils se mêleraient.., et une lacune ; son ignorance de chaste l'arrêta. Mais tout n'annonçait-il pas un mystère plus heureux encore qui, une fois connu, liait avec le charme de délices nouvelles et suaves.

Le prochain départ de Mme Freysse lui apparut comme une espérance. Elle, s'en gourmanda. Et cependant parmi les diverses conjectures les plus raisonnablement édifiables en but de bonheur, elle revint toujours à la persuasion de se donner pour acquérir l'indispensable pouvoir. Au moins fardait-elle de ce motif pratique la grande envie d'amour qui l'ardait. Puis, s'apercevant qu'elle se mentait à elle-même, des rages pleurantes la terrassèrent. Elle ne se consolait point de sa faiblesse d'âme, cette faiblesse qui avait perdu Henriette, cette faiblesse qui la perdait aussi.

La famille partie, M. Freysse ne s'empressa point davantage auprès de Marceline. Plutôt il semblait la fuir. A table, il maintint la conversation sur les affaires, même il pria la caissière de prendre cette heure pour lui expliquer les événements commerciaux survenus.

De Jacques Plowert, son voyageur en Orient, il lui parla, non sans insistance, et lut ses lettres éloquemment descriptives des pays levantins où cet homme colligeait des tapis anciens et des soies lamées.

Jacques Plowert, engagé fort jeune dans l'artillerie, était parvenu rapidement au grade de sous-officier ; un malheur, la culasse d'un canon éclatant à l'essai de la pièce, l'avait rendu manchot du bras gauche. M. Freysse montra sa photographie : une figure ovale, de grands yeux, des cheveux drus, un col rabattu, une barbe jolie et frisée. Il laissa entendre qu'un intérêt dans la maison était acquis au voyageur depuis trois ans déjà. De même Marceline possédait une part. On la doterait en doublant cette part, si elle voulait l'alliance de cet intelligent garçon. Calculés les bénéfices probables en la proportion de leur apport, on transformerait la raison sociale sous deux ans au plus. Tous ensemble alors travailleraient à parfaire la fortune commune, qui, vu l'actuel mouvement des idées et du luxe, ne tarderait pas à devenir très importante.

Toujours enthousiaste le marchand explique et jette les chiffres en l'air d'un geste hardi. Il sourit, marche, s'avance et se recule. De temps à autre il se passe le mouchoir sur les lèvres et rajuste son binocle.

— Encore il faudrait savoir si M. Plowert.... objecte Marceline interloquée.

Elle hait M. Freysse pour cette persistance à lui offrir la vie d'un autre. Alors il la dédaigne. Comme elle voudrait lui dire qu'il cesse cette feinte, et qu'il la torture. Elle n'ose. Et son cœur tressaute sous la griffure de la douleur. Les empressements, les attentions, cela n'était que leurre. Un fou désir de tomber dans l'étreinte de cet amant et de laisser fuir ces pleurs qui lacèrent ses paupières, ces pleurs qui avoueraient.

Pourtant elle mime une froideur. Lui continue ses explications. Elle regarde la lumière blanchâtre de l'avenue où clignote le défilé rapide des équipages. Elle répète :

— Lui plairai-je au moins ? Qu'en savez-vous ?

— Mais vous plairez à qui vous voudrez plaire, Marceline ; moi, un homme marié, un père de famille, j'ai failli commettre des sottises pour vous. Vous ne vous en doutiez pas, hein, avec votre mine froide et simple. Oui, oui, riez ; je me suis traité de vieux fou. C'est passé. Je me suis dompté moi-même. Je ne vous aime plus que comme on doit aimer sa propre fille. Je voudrais vous rendre heureuse ; vous ôter de l'esprit la vilaine tristesse qu'y a mise cette galopine d'Henriette. Croyez-moi, épousez Plowert. Sapristi, je comprends que vous n'ayez jamais eu l'air de vous émouvoir pour moi, mais que diable ! pour un beau garçon comme Jacques.

— Il a un bras en moins votre beau garçon.

— Oh ! que vous êtes méchante.

Et il partit. Elle le suivit du regard dans le lacis des promeneurs. Un instant il s'arrêta sous un réverbère, et, tirant un carnet de sa poche, le consulta. Puis sa tête fine apparut en pleine lumière avec des lueurs dans les verres du binocle. Il héla un fiacre, monta. Et le fiacre disparut par la brume violette.

~~~~~~~

Des jours et des nuits, Marceline songea. Elle revécut tout son amour si fatalement méconnu, à cause de cette froideur. Des regrets, des souvenances. Si, telle heure, elle eût souri à telle parole, peut-être tout s'en fût suivi.

Quand donc lui naquit la prime idée de cette
passion ? Elle fouilla sa mémoire. Navrée, elle
découvrit de viles origines : l'avarice, la vanité,
la lassitude. Insensiblement l'idée s'était promue
maîtresse. Les mérites évidents de M. Freysse
l'avaient conquise ; et puis, au moment où les
reproches d'Henriette lui dénoncèrent les racontars des brodeuses ; cet amour, brusquement,
elle l'avait su.

Tant que, obstinée, en son austère vertu, elle
s'était prémunie contre les tentatives, M. Freysse
avait ourdi des tendresses pour la séduire. Au
contraire, à l'instant où elle eût enfreint l'honneur, de subits scrupules le retenaient, lui.

Car elle comprend la délicatesse de l'homme
qui, la voyant seule, sans protection, chez lui,
après le départ de Mme Freysse, ne l'a voulu
flétrir.

~~~~~~~~

Puis, en elle, la douleur s'habitue et s'assoupit. Elle s'estime de n'avoir point laissé con-

naître les arcanes misérables de son âme, d'a-
voir souffert en soi et triomphé.

Acquise la certitude que Léontine va attein-
dre ou peut-être atteint déjà les intimités char-
nelles du marchand ; ses regrets et ses déses-
poirs amoureux succombent. Elle se remercie
de sa prudence. Au même titre que cette gros-
sière, elle eût servi de jouet et M. Freysse lui
semble un futil débauché inexcusable s'il ne
possédait cet art du commerce.

Elle attendit Jacques Plowert.

Comme une échéance favorable, une date
commerciale qui changerait la routine de la
maison et donnerait aux affaires une direction
neuve. Le parti convenable.

Pour l'intelligence elle le savait bachelier, écri-
vain habile, descripteur éloquent, homme de
goût, — ses envois charmaient toujours les clients
et ne restaient pas en magasin. — Pour le physi-

que, ses photographies montraient un garçon robuste, aux traits féminins, où se devinait une peau lisse, où s'arrondissaient des yeux clairs. L'idée martiale de sa blessure palliait l'odieux de la difformité. Un mâle plastique, en définitive grand et tel, disait M. Freysse, que les dieux en pierre du Louvre. Le parti convenable.

Même elle ne goûta point la curiosité des étreintes suprêmes. De là elle détournait son esprit, très calme, se disant qu'elle saurait à date fixe, que cela d'ailleurs ne devait apprendre rien de bien étrange, puisque toute femme, sans peine, s'y conformait.

Mais l'étude des hautes spéculations commerciales l'accapara. Elle lut des traités économiques, elle compléta ses connaissances sur la banque et les systèmes de crédit. Ce mariage lui promet l'essor d'une richesse sûre, richesse où elle vivra, au balancement des luxueux équipages, en vénération parmi les financiers et les ingénieurs. Par l'argent elle forcera un ruiné quelconque à épouser cette misérable Henriette. Ensuite rien ne sera plus à souhaiter.

~~~~~~~

Jacques Plowert vint.

Il vint, une après-midi. Elle le reconnut tout de suite avant qu'il entrât et bien qu'il n'offrît d'abord à la vue que son côté droit. Plus maigre seulement que le représentaient les photographies. Le son de sa voix, elle l'avait prévu. Il dit des choses particulières et intéressantes. A table on parla commerce. Aussitôt les fiancés se plurent. Elle se sentit à l'aise comme s'ils étaient unis depuis des ans.

Très habilement, de sa main unique, il coupait les morceaux avec un couteau de poche à lame courbe. Soudain il éclata de rire. Alors son moignon sautilla dans la manche trop large : une chose pointue qui plissa l'étoffe de la redingote. Pour la première fois, Marceline subit une répulsion, l'envie de voir frissonner à nu ce bout de membre, de s'en dégoûter et de fuir.

Et l'obséda cette pensée : quelle attitude prendre afin que son regard, jamais n'y heurtât. Elle n'osa plus lever les yeux par crainte de voir cette chose pointue qui frissonnait de rire. Comme une bête vivante, distincte de la personne, et nantie d'une existence à part, alanguie parfois, immobile en des torpeurs tristes, ou frétillante d'une horrible danse.

De la fantastique vision elle ne se put distraire. Toutes les paroles lui furent muettes jusqu'au départ de Jacques. Lui absent, elle garda dans la mémoire l'aspect remuant et immonde.

Ce l'empêcha du sommeil, pendant des heures. Lorsqu'elle s'endormit, elle rêva que ce moignon la poursuivait, mettait à ses lèvres un baiser visqueux et chaud, tandis que Jacques éclatait d'un rire atroce, de ses blanches dents. La terreur. Elle n'osait plus demeurer seule. L'hallucination grandissait, lui suggérant les mille ridicules des manchots, l'horreur des chaires découpées et saigneuses. Si Jacques arrivait, cette horreur diminuait un peu. A ne point découvrir les affreuses apparences prévues par ses cauchemars, elle se rassurait et son esprit se reposait en une aise relative.

Le drap soyeux et neuf du vêtement drapait de noir la chose.

Pour fuir la hantise ridicule, elle tenta de concevoir le jeune homme tel qu'il devait paraître avant l'accident. Jamais elle ne put rétablir l'allure martiale de l'artilleur en son uniforme, toujours s'imposait la manche vide et flottante, la manche noire.

Elle ne put se résoudre à consentir ce mariage. La seule appréhension que *cela* frôlerait sa chair, que *cela* elle le verrait un jour à nu lui donnait épouvantes et frissons. Comme M. Freysse la questionnait, elle répondit non fermement. Puis elle avoua ses dégoûts, l'insupportable malaise que cet homme lui boutait.

— Je sais bien que c'est imbécile, que c'est fou, mais c'est plus fort que moi : je ne puis.

M. Freysse se dit très malheureux de ce refus. Toutefois il ne renouvela point sa demande.

A quelques jours de là, Jacques Plowert partit pour l'Inde. Il ne paraissait point autrement triste. A Marceline il présenta des adieux très aimables.

Au fond, la jeune fille le regretta. Il eût si bien rempli ses espoirs. Longtemps elle s'en voulut de la bête imagination qui l'avait prise. Cependant, à de nouvelles instances, sa réponse n'eût point varié.

⁓⁓⁓⁓⁓

Par l'avenue les pluies d'automne s'éplorent. Aux balcons luit l'éternel rire des enseignes d'or. Les fiacres louvoient vers les trottoirs laqués. Le ciel cendreux s'effiloque aux toitures glauques.

Marceline guette les blanches poussières d'eau qui volent au ras de l'asphalte, et fuient, et meurent ; les blancheurs d'eau qui passent dans les interstices des gens sombres, qui sèchent aux soies des parapluies, qui s'effilent en minces luisures sur les vitres des lampadaires.

Assise derrière la caisse d'ébène, elle guette les blanches poussières d'eau, tandis que ses doigts caressent le doux vélin du registre.